乌兰浩特一中校本教材

幸福的密匙

中学生健康生活素养指南

曲立志 ◎ 主编

THE KEY TO HAPPINESS

探索是艰难的
探索也是可贵的
学会做人、学会学习
学会创造、学会生存

石油工业出版社

图书在版编目（CIP）数据

幸福的密匙：中学生健康生活素养指南 / 曲立志主编.
北京：石油工业出版社，2019.4
ISBN 978-7-5183-3289-2

Ⅰ.①幸… Ⅱ.①曲… Ⅲ.①中学生—身心健康—健康教育—指南 Ⅳ.①G444

中国版本图书馆CIP数据核字（2019）第064746号

幸福的密匙：中学生健康生活素养指南
曲立志　主编

出版发行：石油工业出版社
　　　　（北京市朝阳区安华里二区 1 号楼 100011）
网　　址：www.petropub.com
编 辑 部：(010) 64523570　　图书营销中心：(010) 64523633
经　　销：全国新华书店
印　　刷：北京晨旭印刷厂

2019 年 4 月第 1 版　　2019 年 4 月第 1 次印刷
710 毫米 ×1000 毫米　开本：1/16　印张：14.5
字数：170 千字

定　价：28.00 元
（如发现印装质量问题，我社图书营销中心负责调换）
版权所有，翻印必究

编委会

主　编　曲立志

成　员　于振波　李晓东　刘苓丽

前言

23年前,因为怀着对教育的热爱,带着对学生的健康成长负责的教育情怀,我在正常担任班主任和教授学科课程之外,开始探索如何帮助学生,让学生获得享受一生的教育影响。在完成阶段的研究探索后,于2001年结合授课教案自编两册《心理健康教育与辅导》并记录了如下文字:

> 党和国家十分重视学生的心理素质教育,20世纪末就曾多次向各级各类学校要求:"要由应试教育转向全面提高国民素质的轨道,面向全体学生,全面提高学生的思想道德、文化科学、劳动技能和身体心理素质。""通过多种方式对不同年龄层次的学生进行心理健康教育和指导,帮助学生提高心理素质,健全人格,增强承受挫折、适应环境的能力。"
>
> 心理素质是一种基础素质;
>
> 心理素质是一种核心素质;
>
> 心理素质是其他素质形成与发展的内因;
>
> 心理素质是第一素质。

心理素质的培养要普遍加强。心理健康是青少年走向现代化、走向世界、走向未来，建功立业的重要条件；而健康心理的形成需要精心周到的培养和教育。

乌兰浩特一中是兴安盟的重点中学，教育教学工作注重从实际出发，注重学生的全面发展。根据工作需要，早在1995年就已开始探索的历程。1995年开始，我在本班（高一9班）开始心理健康教育的探索、尝试，每两周一次，以主题班会的形式讲授有关心理健康的内容，包括学法指导、人际交往、情绪调整等，深受学生欢迎。此举给班级管理带来了意外的收获，大大地拉近了师生间的心理距离，为班主任开展班级管理工作找到一个很好的切入点。在此基础上，1996年3月开始，学校利用周六上选修课的时间，在高二各班开设心理健康教育活动课。到1998年，高一、高二各班开设心理健康教育课，并纳入课表，两周一课时，并制定了详细的授课目标：高一，帮助学生适应高中生活，引导学生树立正确的友谊观，为学生的文理分科提供咨询帮助；高二，帮助学生尽快适应文理分科后的学习生活，培养学生的非智力因素，树立正确的爱情观，培养社会责任感和科学人生观。随着学生的需要越来越强烈，1997年成立了"心理辅导室"。一开始，每周辅导两次，到现在已增加到一周四次，每到辅导日都有来访学生，到2000年7月接待来访者300多人次。我们对每个来访者都作了详细的咨询记录，主要反映的问题有考试焦虑、陷入"早恋"、缺乏自信、交际不佳、人际关系紧张、意志薄弱、情绪悲观等。我们根据个别辅导反映出的问题，及时调整团体辅导的内容，让有类似问题的

前言

学生尽快走出误区。我们利用板报、广播、讲座等多种形式普及宣传心理学知识，了解心理健康的基本常识，帮助学生提高心理素质或解决某些心理问题。同时我校还成立了"家长学校"，及时总结"家长学校"的素材。

一分耕耘，一分收获。几年来的不断探索研究，取得了许多令人欣慰的成绩：我校的"心育工作"先后被《兴安日报》《中国教育报》做过专题报道，有许多篇论文在全国的心理健康教育研讨会上获奖。早在1996年，我校被选为国家"九五"课程"心理健康教育辅导"课题协作组成员之一，2001年3月通过中央教育科学研究所"心理健康协作组"的检查和验收。同时乌兰浩特一中先后两次被中央教育科学研究所"中小学心理健康教育协作组"评为"先进集体""优秀实验学校"，我校几名心理健康教育的一线教师被评为"优秀实验教师"。

多年来，在校长的领导、支持和积极倡导下，我校已经具有了实施心理健康教育的良好氛围，教师已把"人人都应成为心理保健医生"的口号，内化成自己的行动准则；"关注学生心灵，让学生的心灵充满阳光"已成为教师的共识。"心理健康教育课"已确定为我校的校本课程。为了使"心育工作"更好地服务于教学，在学生成长的过程中发挥更大的作用，我们将"心理健康教育课"的自编教案及资料编辑成册（分为《高一分册》和《高二分册》），打印出来，目的是便于同行之间的交流，更好地听取同行们的指导、意见和建议。同时，也督促我们自己在原有基础上，不断地丰富和完善此项工作，使此项工作具有科学性和实效性。

　　探索是艰难的，探索也是可贵的。虽然还存在许多不足，但毕竟是迈出了第一步。"万事开头难"，再难也开了头。实践中，我们是受益者。虽然路还很长，但只要对学生的成长有利，探索总是值得的。我们有信心、有能力通过"心育工作"，架设沟通学生心灵的桥梁，为培养"学会做人、学会学习、学会创造、学会生存"的21世纪新型人才贡献力量。

转眼间，在写过这段文字之后，17年过去了。这期间，我虽然肩负了一些教育管理工作，但一直工作在教学一线，一直没有间断为学生幸福成长而不断探索。

我校的李晓东老师，本着对教育的挚爱和热情，在他担任班主任工作的14年间，也一直探索在这条道路上。他坚守"让学生当下能快乐，未来能幸福"的教育理想，尝试开设了《中学生幸福课》这样一门选修课。

刘苓丽老师从入职开始，一直坚守在心理健康教育辅导的道路上，通过不断的学习和提升，现任我校学生发展指导中心的主任，壮大了心理健康教育的教师队伍。同时，为适应新时代的需要，开展了学生心理咨询和职业生涯规划指导。

于振波老师结合多年的校史馆建设和校内教育资源挖掘的工作经验，开展了校史讲座，为学生们展示了内容丰富的校史馆，为我们提供了大量的优秀校友案例，用事实告诉学生什么是人生的成功和价值。

如今，党的十九大报告明确提出："要全面贯彻党的教育方针，落实立德树人根本任务，发展素质教育，推进教育公平，培养德智体美全面发展的社会

前言

主义建设者和接班人。"新一轮课程改革在如火如荼地推进，把对学生核心素养教育提上了日程。发展学生核心素养主要分为三大方面、六大要素、十八个基本点。其中，三大方面是：文化基础，自主发展和社会参与。在自主发展的要素中包括两大要素：学会学习和健康生活。而我们这20多年来孜孜不倦的探索，正暗合了如今的"健康生活"，它主要是指学生在认识自我、发展身心、规划人生等方面的综合表现，具体包括珍爱生命、健全人格、自我管理等基本要点。2018年9月10日，习近平总书记在全国教育大会上的讲话中明确提出教育的五大目标是"凝聚人心、完善人格、开发人力、培育人才、造福人民"。我们一直苦苦求索的教育理想，在今天，有了一个明确的通途。于是，在兴奋之余，我们努力把曾经的探索总结出来，分享给中学生们，希望能助力他们完善人格、健康生活，也分享给同样有着这份热爱的同行们，愿给他们提供一份参考。

曲立志

2018年12月27日

目录

第一章 了解自己 1

第一节 我是谁 3

第二节 心理健康的理解 7

第三节 气质类型及性格 17

第四节 为幸福思考 27

第二章 创造幸福 39

第一节 你就是环境 41

第二节 自信是成功的秘诀 46

第三节 意志力是成才的保障 52

第三章	**消除负能量**	**57**
第一节	如何消除嫉妒	59
第二节	正确归因	64
第三节	敢于说"不"	70
第四章	**培育正能量**	**77**
第一节	培养健康情绪　践行快乐计划	79
第二节	确立目标	87
第三节	乐观生活	90
第四节	让需要合理化	100
第五章	**处理好人际关系**	**107**
第一节	交友技巧	109
第二节	学会与异性交往	123
第三节	学会与父母沟通	131

目录

第六章　学会学习 143
第一节　学习有方法 145
第二节　科学用大脑 150
第三节　克服考试焦虑 156
第四节　了解心理效应 163

第七章　职业定位 169
第一节　职业定位的原则 171
第二节　测测你的创造力 186
第三节　职业测试举例——霍兰德职业测试 194

参考文献 218

第一章

了解自己

"认识你自己"是铭刻在古希腊阿波罗神殿石柱上的著名箴言之一。据记载，有人问苏格拉底："世上何事最难？"答曰："认识你自己。"进而又问："世上何事最容易？"答曰："给别人提建议。"

作为一个独特而复杂的人，你有很多方式来填完下面这个句子："我是＿＿＿＿＿"当然，你会给出多种答案。把这些答案综合起来，就是你对自己的定义。

但是，试着去思考这个问题：你真的了解自己吗？你所认为的自己跟真实的自己是一致的吗？

答案很可能是——不。但是要健康生活，应从了解自己开始。

第一节　我是谁

- 我是谁？
- 我从哪里来？
- 我到哪里去？

上述三大哲学终极问题，是每个人经常问的问题。

　　苏格拉底走在古希腊雅典大街上，拉住路人甲。

　　苏格拉底：我是谁？

　　路人甲：你是一个丑怪人。

　　苏格拉底：什么是丑怪？

　　路人甲：难看不美是丑，奇葩荒诞是怪。

　　苏格拉底：难看是什么？不美是你自己的评判，对吗？奇葩荒诞又如何解释？

　　路人甲：滚！

答一：我就是我。

答二：我是我妈生的。

答三：我是一个追求至善、讲求德性、审视心灵、悲悯世人者。

答四：我是一个智人，祖先源于东非，是地球现在世代统治物种族群的一员。

答五：我是一个学霸、硕士、证券分析师、房地产投资者、畅销书作家、未来精致生活的实践者。

答六：我是一个灵修者，追求灵性，每日冥想，每月游历，回归至简生活，追寻生命真谛。

答七：我是被赋予灵魂的，一个以碳水化合物为主要成分的躯壳。

答八：我是绝对精神投射的表象，我无法描述，只可以部分感知。

答九：人是一切社会关系的总和，我是人，我是社会关系的总和。

答十：我是存在，没有存在则没有我。我是存在于荒谬荒诞的客观世界的自在存在与自为存在。

答十一：我是真核域、动物界、脊索动物门、脊椎动物亚门、哺乳纲、真兽亚纲、灵长目、人科、人属、智人种……

从"我"到"我们"，"是谁"的问题答案无穷无尽。"我是谁？"被问了几千年，无限发散、又极致收敛，似爆炸的宇宙，又如时间内止的黑洞。

我是谁？是一个认识自我的问题。

有关知觉和记忆的研究显示，我们对大部分心理事件都没有觉察，我们对自己思维的结果比对思维的过程知道得要多。我们凝视心灵的海洋，在它的意识层面底下却什么也看不见。

第一章 了解自己

然而,这部分所展露出来的意识,对于整个心灵海洋来说,不过是冰山一角。

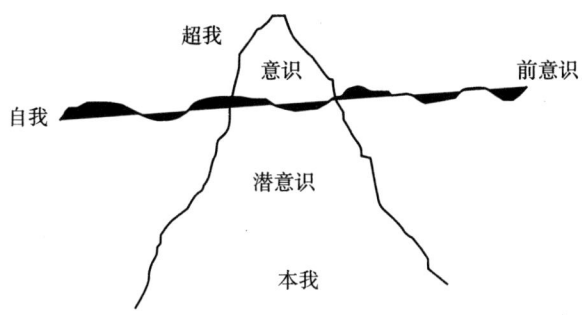

同时,约哈里窗口理论认为,对于每一个人来说,都存在着自己了解、别人也了解的"开放区域";别人了解,而自己却不了解的"盲目区域";仅仅自己了解却从不向别人透露的"秘密区域";以及自己和别人都不了解的"求知区域"。

约哈里窗口

他人＼自己	自知	不自知
人知	开放区域	盲目区域
人不知	秘密区域	求知区域

依据这个理论,人们对自我的认识也呈梯级上升,由不知道自己不知道,不知道自己知道,向知道自己知道,乃至知道自己不知道的方向发展。可以说,了解自我是一个持续一生的课题。它不如你想象的那样简单。作为中学生,我们可以尝试通过以下途径来了解自己:

1. 写日记。在写日记的过程中，你可以平静自己的心绪、沉淀自己的心灵。这是一场你与自己的对话，你可以借此梳理出真实的想法。同时，记录自己的梦境，注意自己的口误。这是通往潜意识的阀门。

2. 广泛阅读，包括一些心理学类的书籍。通过同优秀的思想相碰触，你会产生奇妙的火花。抓住那一瞬间的感觉，那是了解自我的契机。

3. 不断地试错。大胆地去尝试，多多体验。在你并不真正地了解自己之前，"去做"是很好的检验自己是否是某一类人的方式。

4. 接触外界，即保持同他人之间的交流。你并不知道你究竟不知道什么，因此需要外界的支持，帮助你发现你不曾认识到的自己的那一面。

5. 试着去理解外界。避免先入为主的判断，减少在潜意识中给自己或别人贴标签。理解外界，可以帮助你更好地理解自己。

6. 自我选择。承担责任，信任自己，做出更多的自我选择。不要一味地听凭他人的指令行事，那样你永远也不会发现真实的自己。你需要通过决定来确立真实的自我。

人们不如自己所想象的那样了解自己。认识自我是一个持续一生的课题，或许，你无法完全抵达那里，但你可以无限地接近真实的自我。这是一条漫长的道路，正如卡耐基所说："一个人没有认清自己的真面目，不能深明自己的优势所在，就不能把命运掌握在自己手中，也就不可能取得成功。"

所以，健康生活从认识自己开始。

第二节　心理健康的理解

幸福美好的生活，离不开健康的基础，就像鱼儿与水，我们与洁净的空气。本节我们来共同了解一下，何为健康？以及怎样保证我们的健康？

一、健康的概念

1978年，联合国世界卫生组织对健康的定义是：健康不仅是身体没有疾病，还要有完整的生理、心理状态和对社会的适应能力。1989年作出补充：一个人在躯体健康、心理健康、社会适应良好和道德健康四个方面皆健全才算健康。

联合国世界卫生组织认为健康的含义是：

1. 身体没有疾病——通常指身体健康；
2. 完整的心理、生理状态——一般认为是心理健康；
3. 良好的社会适应能力和道德健康——一般认为是心理健康。

附：

1. 张海迪：张海迪是高位截瘫的残疾人，但她靠坚强的毅力，自强不息的奋斗精神，发表了大量的诗集，翻译了许多外国的著作，成为大家学习的楷模。她可以被看作是身体不健康、心理健康的代表。

2. 犯人：一般是身体没有疾病，但在认知、适应社会等方面有严重问题。错误的认知产生错误的行为，为社会所不容。

3. 正常人：徐虎、李素丽——在平凡的工作岗位上，能够多年如一日地全身心投入，乐在其中，服务于群众，又为群众所接纳，使自己的生活充满阳光。他们是身心俱健的典范。

附：

张海迪简介：1955年9月16日出生，山东文登人，中国著名残疾人作家，哲学硕士。现任全国政协常委，中国残疾人联合会主席，中国作家协会委员，山东省作家协会副主席。五岁时因患脊髓血管瘤，高位截瘫。十五岁时随父母下放聊城莘县一个贫穷的小村子，她自学了医学知识，克服了残疾带来的种种困难。1983年开始文学创作，经过不懈努力，成功出版了《轮椅上的梦》等著名小说。1983年3月7日，共青团中央在北京举行表彰大会，授予张海迪"优秀共青团员"称号，被誉为"当代保尔"。2017年6月19日获国际残奥委会主席参选提名。现任中国残联主席、北京冬奥组委执行主席、中国残奥委会主席。

徐虎简介：1969年参加工作，1975年分配到普陀区房管系统工作，被评为"100位新中国成立以来感动中国人物"之一，走上了从中央到地方各大报纸、电台、电视台的头条，与雷锋、黄继光、钱学森、王进喜等并列，成为全国知名的新闻人物。他是党的十五大代表，被授予"全国优秀共产党员""全国劳动模范"等荣誉称号。从

第一章　了解自己

1989年开始连续五届被评为"全国劳动模范"。

　　李素丽简介：女，汉族，1962年出生，中共党员，公交"李素丽服务热线"负责人。曾任北京市公交总公司公汽一公司第一运营分公司21路公共汽车售票员。她自1981年参加工作后，在平凡的岗位上，把"全心全意为人民服务"作为自己的座右铭，真诚、热情地为乘客服务，被誉为"老人的拐杖，盲人的眼睛，外地人的向导，病人的护士，群众的贴心人"。她认真学习英语、哑语，并努力钻研心理学、语言学，利用业余时间走访、熟悉不同地理环境，潜心研究各种乘客的心理和要求，有针对性地为不同乘客提供满意周到的服务。她曾获"全国'三八'红旗手"等荣誉称号。

二、心理健康的标准

　　国内外不同的心理学家，对心理健康的标准有不尽相同的说法，我国学者王登峰、张伯源通过研究、总结、归纳，认为心理健康通常有如下八条指标。

　　（一）了解自我，悦纳自我

　　一个心理健康的人能体验自己存在的价值，有自知之明，对自己的能力、性格和优缺点都能作出恰当的客观评价，对自己的目标和理想也定得切合实际，对自己总是满意的。如：有的人认知目标过高，遇事连连失败，前进受阻；也有的人认知目标过低，总是低估自己的能力与水平，事后往往抱有遗憾。所以，我们都应该做最好的自己，尤其是新同学，来到新的集体新的环境，要取长补短，认识自我，重新定位。

（二）接受他人，善与人处

心理健康的人乐于与人交往，不仅能接受自我，也能接受他人，能认可别人存在的重要性与作用，同时也能被他人所接受，能与人沟通和交往，人际关系协调和谐，能融在集体之中，同大家共欢乐，无孤独感，在社会生活中有较强的适应能力。

（三）正视现实，接受现实

心理健康的人能面对现实，接受现实，决不逃避现实，对周围的事物和环境能作出客观评价和认识，不会有不切实际的幻想和奢望，同时对自己充满信心，对困难有挑战精神，做事情有魄力和勇气。

如：考入一所重点中学后，竞争对手变了，每个学生都面临着走出昔日辉煌、面对现实的问题。该问题解决的好坏，影响到自身潜能的发挥及中学三年的发展，是心理素质好坏的体现。

（四）热爱生活，乐于工作

心理健康的人能珍惜和热爱生活，积极投身于工作和生活中，尽情享受人生的乐趣，在工作中尽可能发挥自己的个性与才智，能克服各种困难。如：同是一个班级的学生，一同度过人生中的黄金阶段——中学生活，热爱生活的人认为学习是非常有趣、有意义的一件事，乐在其中，积累成功感，建立自信，同时也能切实地体会到成长的快乐；而有的学生就是一种很苦的心态，认为什么时候"熬过这三年"就好了，把学习看成苦差。这种把学习当"苦差"的人，是忽视眼前玫瑰而幻想天边玫瑰园的人，实质是不热爱生活、不肯付出的人。

（五）能调节与控制情绪，心境良好

心理健康的人，愉快、乐观、开朗、满意等积极情绪占优势，对于悲、忧、愁、怒的消极情绪的体验不长久，能做到喜不狂、忧不绝、胜不骄、败不馁、谦而不卑、自尊自重，争取在社会允许范围内满足自己的需要。

情绪是客观事物是否满足需要而产生的态度体验，表现形式为喜、怒、哀、乐、忧、思、恐。俗话说"喜伤心、怒伤肝、忧伤肺、思伤脾、恐伤肾"。情绪是能量，一旦产生应及时进行疏导和调控；否则轻则影响身体健康，重则伤害他人，危害社会。调控情绪能力的大小，是一个人心理健康水平高低的标志。

（六）人格完整和谐

心理健康的人在气质、能力、性格、理想、信念、动机、兴趣、人生观等方面能平衡发展，精神面貌完整、协调、和谐，思考问题适中合理，待人接物灵活恰当，情绪和行为反应与社会步调合拍。

人格力量的大小遵循"木桶原理"，即人格力量取决于人格链条中最弱的环节。

（七）智力正常

智力正常是人正常生活最基本的心理条件，是心理健康的重要标准。智力是人的观察力、记忆力、想象力、思考力和操作能力的综合。

人群中大多数人的智商都在80~130分，智力低下者和智力超常者均是少数。我们该庆幸自己成为人群中大多数的一员，应该了解自己的优势与劣势，扬长避短，充分发挥自身的能力。

（八）心理行为符合年龄特征

在人生命发展过程中的不同年龄段，都有不同的心理行为表现，从而形成不同年龄段独特的心理行为模式。心理健康的人应具有与大多数同龄人相符合的心理行为特征。

三、心理健康状况公式

心理健康＝（心理压力+身心疾病）/（应付技能+自信心+社会支持）

从公式中可以看出：比值越小健康状况越好，也就是说一个有自信心、有良好应付技能和社会支持的人，会有较小的心理压力和较少的身心疾病。

四、测试：你的心理是否健康

对自己过去和现在的情况回答下面70个问题。回答时，符合提问内容的在评分表的括号中记2分，有点儿符合的记1分，不符合的记0分，不清楚的也记0分。回答时不必仔细考虑，要尽快回答。

1. 如果周围有喧嚷声，不能马上睡着。
2. 常常怒气陡生。
3. 梦中所见与平时所想的不谋而合。
4. 习惯于和陌生人谈笑自如。
5. 经常地精神萎靡。
6. 常常希望好好改变一下生活环境。
7. 不破除以前的规矩。
8. 稍稍等人一会儿就气得不得了。

第一章　了解自己

9. 常常感到头有紧箍感。

10. 看书时对周围很小的声音也会注意到。

11. 不太会有哀伤的心情。

12. 常常思考将来的事情并感到不安。

13. 一整天孤独一人时常心烦意乱。

14. 自以为从不对人说谎。

15. 常常有一慌张便完全失败的情形。

16. 经常担心别人对自己的看法。

17. 经常以为自己的行为受别人支配。

18. 做以自己为主的事情,常常非常活跃,全无倦意。

19. 常常担心发生地震和火灾。

20. 希望过与别人不同的生活。

21. 自以为从不怨恨他人。

22. 失败后,会长时间地保持颓丧的情绪。

23. 过度兴奋时常常会突然神志昏迷。

24. 即使最近发生了什么事故,也往往毫不在乎。

25. 常常为一点小事而十分激动。

26. 很多时候天气虽然好却心情不佳。

27. 工作时,常常想起什么便突然外出。

28. 不希望别人经常提起自己。

29. 常常对别人的微词耿耿于怀。

30. 常常因为心情不好而感到身体的某个部位疼痛。

31. 常常会突然忘却以前的打算。

32. 睡眠不足或者连续工作都毫不在乎。

33. 生活没有活力，意志消沉。

34. 工作认真，有时却有荒谬的想法。

35. 自认为从没有浪费时间。

36. 与人约定事情常常犹豫不决。

37. 看什么都不顺眼时，常常感到头痛。

38. 常常听见他人听不见的声音。

39. 常常毫无缘由地快活。

40. 一紧张就直冒汗。

41. 比过去更厌恶今天，常常希望最好出些变故。

42. 自以为经常对人说真话。

43. 往往漠视小事而无所长进。

44. 紧张时脸部肌肉常常会抽动。

45. 有时认为周围的人与自己截然不同。

46. 常常会粗心大意地忘记约会。

47. 爱好沉思默想。

48. 一听到有人说起仁义道德的话，就怒气冲冲。

49. 自以为从没有被父母责骂过。

50. 着急后总是担心时间，频频看表。

第一章 了解自己

51. 尽管不是毛病，但常常感到心脏和胸口发闷。

52. 不喜欢与他人一起游玩。

53. 常常兴奋得睡不着觉，总想干些什么。

54. 尽管是微小的失败，但总是归咎于自己的过失。

55. 常常想做别人不愿意做的事情。

56. 习惯于亲切和蔼地与别人相处。

57. 必须在别人面前做事情时，心就会剧烈地跳动起来。

58. 心情常常随当时的气氛变化而变化。

59. 即使是自己身上发生了重大事情，也如旁观者那样思考。

60. 往往因为极小的愉悦而非常激动。

61. 心有所虑时常常情绪非常消沉。

62. 认为社会腐败，不管怎么努力也不会幸福。

63. 自认为没有与人吵过架。

64. 失败一次后再做事情时非常担心。

65. 常常有堵住嗓子的感觉。

66. 常常视父母兄弟如路人一般。

67. 常常与初次相见的人愉快交谈。

68. 念念不忘过去的失败。

69. 常常因为事情进展不如自己想象的那样而怒气冲冲。

70. 自认为从未生过病。

心理健康自我鉴定评分表

问题号码	合计	类型号码
1[ ] 8[ ] 15[ ] 22[ ] 29[ ] 36[ ] 43[ ] 50[ ] 57[ ] 64[ ]		1
2[ ] 9[ ] 16[ ] 23[ ] 30[ ] 37[ ] 44[ ] 51[ ] 58[ ] 65[ ]		2
3[ ] 10[ ] 17[ ] 24[ ] 31[ ] 38[ ] 45[ ] 52[ ] 59[ ] 66[ ]		3
4[ ] 11[ ] 18[ ] 25[ ] 32[ ] 39[ ] 46[ ] 53[ ] 60[ ] 67[ ]		4
5[ ] 12[ ] 19[ ] 26[ ] 33[ ] 40[ ] 47[ ] 54[ ] 61[ ] 68[ ]		5
6[ ] 13[ ] 20[ ] 27[ ] 34[ ] 41[ ] 48[ ] 55[ ] 62[ ] 69[ ]		6
7[ ] 14[ ] 21[ ] 28[ ] 35[ ] 42[ ] 49[ ] 56[ ] 63[ ] 70[ ]		7

（1）按照"心理健康自我鉴定评分表"，根据"类型号码"将每种类型分数按照表中所列的题号横向相加起来，分别填入合计栏中。例如，"类型1"各题的得分分别是1题2分，8题1分，15题0分，22题0分，29题1分，36题2分，43题1分，50题2分，57题0分，64题1分，则2+1+0+0+1+2+1+2+0+1=10分，这个10分就填在第一类型的合计栏里。其他各种类型也同样横向相加计分，然后填入相应的合计栏。

（2）心理症状指数的计算：除去第7项类型，将"心理健康自我鉴定评分表"一栏中前6项的得分相加，然后将总数乘3，所得分数即为精神症状指数，例如，以第一横行合计得分为5，第二横行为2，以后依次为2、1、3、2，则前6项的合计为5+2+2+1+3+2=15，精神症状指数则为15×3=45。

说明

心理症状指数18～32分的人精神健康，没有什么不良征兆。

心理症状指数33～47分的人精神健康，但要检查一下某种症状类型的得分是否过高，如果这一症状类型的得分高于"一般"，就要再一次地自我检查一下某一方面的心理健康状况，找出原因及时调整。

心理症状指数48～61分的人精神健康状况一般，说不上健康，要彻底调整自己的健康状况，使心理症状指数达到47分以下，特别要积极找出得分在"稍高"以上的症状类型的原因，及时矫正。

心理症状指数62～76分的人，有心理疾病的征兆，最好去请专科医生诊断，进行缜密的分析，在作自我评价时，自我检查一下哪一项症状最严重，以便商定和实施治疗的方案，要仔细分析症状严重的原因，并努力消除这个原因。

心理症状指数77～90分的人已经患有某种程度的心理疾病，一定要接受专科医生的指导，安心治疗。

第三节　气质类型及性格

气质类型是对人的气质所进行的典型分类。以公元前5世纪古希腊医生希波克拉特斯的分类最为著名。他认为人体内有四种液体，即血液、粘液、黄胆汁、黑胆汁。这四种液体在人体内的比例不同，形成了气质的四个类型，即多血质、胆汁质、粘液质、抑郁质。多血质的人体液混合比例中血液占优势，胆汁质的人体内黄胆汁占优势，粘液质的人体内粘液占优势，抑郁质的人体内黑胆汁占优势。这种用体液解释气质类型的观点虽然缺乏坚实的科学根据，但把人的气质分为这样四个类型在今天看来仍具有其合理性。

不同的气质类型影响甚至决定着人的不同性格，当然也时刻影响着人的情绪变化。通过评估自己的气质类型，了解自己的性格，扬长避短，调整自己的心境，在积极的情绪状态下，选择适合自己的未来职业，充分发挥自己的潜能，才能使人生更精彩。

一、四种气质类型的典型特征

（一）粘液质

特征：被动的、谨慎的、富于思维的、安宁的、温和的、克制的、可靠的、镇定的。

表现：反应性低，情感不易发生，也不易外露，态度持重，交际适度，对自己的行为有较大的自制力，心理反应缓慢，遇事不慌不忙。可塑性差，不够灵活，这一方面能使他们有条理地、冷静地、持久地工作；另一方面又使他们容易因循守旧，缺乏创新精神。

（二）多血质

特征：善交际的、健谈的、开朗的、易有反应的、平易近人的、活泼的、少忧虑的、善领导的。

表现：反应性高，对一切吸引他注意的东西，作出生动的、兴致勃勃的反应。行动敏捷，可塑性强，容易适应新环境，善于结交新朋友。情感容易发生，姿态活泼，表现生动。言语具有表达力和感染力，主动性高，精力充沛，注意力容易转移，在平凡而持久的事情中，热情容易消退。

（三）抑郁质

特征：文静的、严肃的、冷静的、保守的、不善交际的、情绪易波动的、富于想象的。

表现：感受性较高、敏捷性较低。反应比较慢，说话和动作都较慢。多愁善感，情绪容易发生且微弱而持久。不善与人交往，处事优柔寡断，在危险面前易表现恐惧和畏缩，受挫折后，常心神不安，不能迅速转向新的目标。富于想象，比较聪明，但主动性较差。

（四）胆汁质

特征：主动的、乐观的、冲动的、易变的、易兴奋的、易怒的、不安定的。

表现：有较高的反应性和主动性、脾气暴躁，不稳重、好挑衅、直率、精力旺盛，能以很大的热情投入工作，并克服困难，但缺乏耐心，当困难较大时，会意志消沉，心灰意冷。

二、两种性格的主要特征

（一）内向型性格

主要特点：慎重、自我克制、腼腆、冷静、拘谨、乐于独处反省、固执、深思、细致、孤独、自尊心强、不喜与人交往、少言寡语、富于责任感、有耐心、较稳重等。

适合的职业类型：①脑力劳动为主的职业；②以物为主要工作对象的职业；③自己独立操作为主的职业；④重复性较强的简单劳动为主的职业；⑤环境偏僻安静的职业；⑥要求细致、严密、规则性强的职业；⑦要求严肃认真、一丝不苟的职业；⑧感情投入较少，原则性较强的职业；⑨运筹谋划为主的职业；⑩要求坚持不懈、默默无闻、始终如一的职业。

主要职业：社会科学和自然科学研究、工程技术、报刊编辑、银行职员、会计、汽车司机、仓库保管、打字员、审判员、考古研究、门卫、电话员、档案管理、地质勘探、图书管理、各种试验员、农林、水产、畜产管理等。

（二）外向型性格

主要特点：大胆、果断、爽快、好胜、急躁、大方、激动、活泼、乐群、灵活、炫耀、愿与人交往、随和、坦率、自信、冒失、摇摆等。

适合的职业：①以体力劳动为主的职业；②以人为主要工作对象的职业；③以群体合作为主的职业；④复杂重复的职业；⑤环境多变、热闹的职业；⑥行为粗犷的职业；⑦具有突击性特征的职业；⑧需要渲染气氛的职业；⑨要求热情、活泼、灵活的职业；⑩要求投入感情，用情绪配合的职业；⑪经常抛头露面的职业；⑫动作型为主的职业；⑬容易见到成效的职业。

主要职业：政治家、社会活动家、各种演员、管理人员、公关人员、谈判代表、律师、记者、商人、商品销售、推销工作、各种接待服务人员、导游、翻译、广告宣传、时装模特、教师、运动员、公共场所管理等。

三、性格倾向性自测表、情绪稳定型自测表

（一）故事

剧场演出的铃声响了以后，甲、乙、丙、丁四个人才匆匆赶到剧场。检票员守在演出厅门口，不准他们进去。说要等剧场休息时才能允许他们入内。这四人一听，便作出了不同的反应。甲感到气愤难平，当即与检票员争执起来，

第一章 了解自己

非要入内；乙看自己无法使检票员通融一下，便四处寻找其他的入口，他发现供剧场工作人员进出的边门没锁好，便从那里溜进了演出厅；丙看到不准他入场，只好在剧场休息厅观看剧照，耐心地等到剧场休息时再进去；而丁则想："怎么自己老是碰到倒霉的事情，老是遇到与自己作对的人，自己真是个不幸的人。"他便闷闷不乐地回家去了。用心理学知识来看，这四个人的不同反应，体现了四种不同类型的气质在行为上的特点。甲：胆汁质；乙：多血质；丙：粘液质；丁：抑郁质。

胆汁质：外向而情绪不稳；粘液质：内向情绪稳定；多血质：外向而情绪稳定；抑郁质：内向而情绪不稳。

人的气质本身无好坏之分，关键在于所受的教育和自己的努力。

俄罗斯有四位著名作家的气质类型恰好属于这四种：普希金是胆汁质型、赫尔岑为多血质型、克雷洛夫是粘液质型、果戈理为抑郁质型。

（二）性格倾向性测验

说明：下面有50道题，请根据自己的实际，作出回答。符合的，则把该问题后面的"是"圈起来；难以回答的，则把"？"圈起来；不符合的，则把"否"圈起来。

1. 我与观点不同的人也能友好往来。　　　　　　　　是　？　否
2. 我读书较慢，力求完全看懂。　　　　　　　　　　是　？　否
3. 我做事较快，但较粗糙。　　　　　　　　　　　　是　？　否
4. 我经常分析自己，研究自己。　　　　　　　　　　是　？　否
5. 生气时，我总不加抑制地把怒气发泄出来。　　　　是　？　否
6. 在人多的场合我总是力求不引人注意。　　　　　　是　？　否

7. 我不喜欢写日记。	是 ?	否
8. 我待人总是很小心。	是 ?	否
9. 我是个不拘小节的人。	是 ?	否
10. 我不敢在众人面前发表演说。	是 ?	否
11. 我能够做好领导团体的工作。	是 ?	否
12. 我常会猜疑别人。	是 ?	否
13. 受到表扬后我会工作得更努力。	是 ?	否
14. 我希望过平静、轻松的生活。	是 ?	否
15. 我从不考虑自己几年后的事情。	是 ?	否
16. 我常会一个人想入非非。	是 ?	否
17. 我喜欢经常转换工作。	是 ?	否
18. 我常常回忆自己过去的生活。	是 ?	否
19. 我很喜欢参加集体娱乐活动。	是 ?	否
20. 我总是三思而后行。	是 ?	否
21. 使用金钱时我从不精打细算。	是 ?	否
22. 我讨厌在我工作时有人在旁边观看。	是 ?	否
23. 我始终以乐观的态度对待人生。	是 ?	否
24. 我总是独立思考回答问题。	是 ?	否
25. 我不怕应付麻烦的事情。	是 ?	否
26. 对陌生人我从不轻易相信。	是 ?	否
27. 我几乎从不主动制订学习或工作计划。	是 ?	否
28. 我不善于结交朋友。	是 ?	否

29. 我的意见和观点常会发生变化。　　　　　　　　　　是　?　否
30. 我很注意交通安全。　　　　　　　　　　　　　　　是　?　否
31. 我肚里有话藏不住，总想对人说出来。　　　　　　　是　?　否
32. 我常有自卑感。　　　　　　　　　　　　　　　　　是　?　否
33. 我不大注意自己的服装是否整洁。　　　　　　　　　是　?　否
34. 我很关心别人会对我有什么看法。　　　　　　　　　是　?　否
35. 和别人在一起时，我的话总比别人多。　　　　　　　是　?　否
36. 我喜欢独自一个人在房内休息。　　　　　　　　　　是　?　否
37. 我的情绪很容易波动。　　　　　　　　　　　　　　是　?　否
38. 看到房间里杂乱无章，我就静不下心来。　　　　　　是　?　否
39. 遇到不懂的问题我就去问别人。　　　　　　　　　　是　?　否
40. 旁边若有说话声或广播声，我就无法静下心来学习。　是　?　否
41. 我的口头表达能力还不错。　　　　　　　　　　　　是　?　否
42. 我是个沉默寡言的人。　　　　　　　　　　　　　　是　?　否
43. 在一个新的环境里我很快就能熟悉了。　　　　　　　是　?　否
44. 要我同陌生人打交道，常感到为难。　　　　　　　　是　?　否
45. 我常会高估自己的能力。　　　　　　　　　　　　　是　?　否
46. 遇到失败后我总是忘却不了。　　　　　　　　　　　是　?　否
47. 我感到脚踏实地地干比探索理论原理更重要。　　　　是　?　否
48. 我很注意同行们的工作或学习成绩。　　　　　　　　是　?　否
49. 比起读小说和看电影来，我喜欢郊游和跳舞。　　　　是　?　否
50. 买东西时，我常常犹豫不决。　　　　　　　　　　　是　?　否

性格倾向性测验的计分与评价：

题号为单数的题目，每圈一个"是"记2分，每圈一个"？"记1分，每圈一个"否"记0分；题号为双数的题目，每圈一个"否"记2分，每圈一个"？"记1分，每圈一个"是"记0分。最后将各道题的分数相加，其总和即为你的性格倾向性指数。

评价表

总分	性格倾向性
0～19	内向
20～39	偏内向
40～59	中间型
60～79	偏外向
82～100	外向

性格倾向性指数在0与100之间，由性格倾向指数的数值就可以了解一个人内向或外向的程度。

（三）情绪稳定性测验

说明：下面有30道题，请根据自己的实际情况，作出回答。符合的，则把该问题后面的"是"圈起来；难以回答的，则把"？"圈起来；不符合的，则把"否"圈起来，做这个测验不必多加思考，用10分钟左右的时间完成，每题只能选择一个答案。

1. 我从未患过梦游症（即睡着后起来走路）。　　　　　　是　？　否
2. 我从未因病请假半年以上时间。　　　　　　　　　　　是　？　否

第一章 了解自己

3. 如果在工作时有人来打扰我,我就会感到很恼火。　　　是　?　否
4. 我几乎每天都会遇到一些难以处理的事情。　　　　　　是　?　否
5. 在最近一次学习新知识或技巧时,我感到很有信心。　　是　?　否
6. 我时常会被一些事情所激怒。　　　　　　　　　　　　是　?　否
7. 要是遭遇别人侮辱,我的心情将久久不会平静,过了好多天仍不能忘记。　　　　　　　　　　　　　　　　　　　　　　是　?　否
8. 我感到自己的生活是丰富的,并不单调。　　　　　　　是　?　否
9. 通常我很容易入睡,并且睡得很好。　　　　　　　　　是　?　否
10. 我是个容易害羞的人。　　　　　　　　　　　　　　是　?　否
11. 要是知道有人恨我,我也不放在心上。　　　　　　　是　?　否
12. 我有时会莫名其妙地感到欢乐或悲哀。　　　　　　　是　?　否
13. 我常常在应当着手做书面工作时,还沉浸在幻想之中。是　?　否
14. 最近五年来我从未做过噩梦。　　　　　　　　　　　是　?　否
15. 我在搭乘电梯、穿马路或站在高处时会感到恐惧。　　是　?　否
16. 遇到紧急事情时,我总能够冷静地处理好。　　　　　是　?　否
17. 在日常生活中,我是个感情用事的人。　　　　　　　是　?　否
18. 我很少担心自己的健康问题。　　　　　　　　　　　是　?　否
19. 我清楚地记得去年有哪些人经常给我造成麻烦。　　　是　?　否
20. 读书阶段,如果没有家庭作业和考试,我就不会主动去学习。
　　　　　　　　　　　　　　　　　　　　　　　　　　是　?　否
21. 最近5年内,我在工作或学习时,从来没有感到空虚茫然。　是　?　否
22. 在过去一年中我遇到过三个以上对我不友好的人。　　是　?　否

23. 在我的一生中，我能够达到所希望达到的目标。　　是　?　否

24. 看到别人做出怪异的行为，我总是很难忍受。　　是　?　否

25. 自杀是荒唐的，我从未动自杀的念头。　　是　?　否

26. 我常常感到不快乐。　　是　?　否

27. 这两年，我从未腹泻。　　是　?　否

28. 通常情况下，我很有自信心。　　是　?　否

29. 我完全有理由相信自己有办法像多数人一样轻松地处理日常生活事务。　　是　?　否

30. 最近一个月里，我几次服用过镇静剂或安眠药。　　是　?　否

情绪稳定性计分与评价：

每圈一个"是"或"否"记2分，每圈一个"?"记1分，将你在各题上的分数相加，算出总分。根据总分来查下面的"评价表"，就可以知道你的情绪稳定程度。

评价表

总分	情绪稳定性	行为特征
0~11	不稳定	情绪敏感、内心困扰、心境波动大
12~23	不大稳定	情绪常波动、内心时有困扰
24~36	中等	介于情绪敏感与情绪稳定之间
37~48	较稳定	情绪很少波动，有较稳定的态度和行为
49~60	很稳定	稳重、成熟、自信、理智、镇定

气质类型评价表

情绪稳定性＼性格倾向性	很外向、偏外向	中间型	偏内向、很内向
很稳定、较稳定	多血质	多血—粘液质	粘液质
中间型	多血—胆汁质	混合型	粘液—抑郁质
不大稳定、不稳定	胆汁质	胆汁—抑郁质	抑郁质

第四节　为幸福思考

有人说："有规划的人生是蓝图，没有规划的人生是拼图。"那么我们对自己的人生该如何规划呢？它的规划起点在哪里呢？下面我们共同作一点思考。

有人曾经做过一个关于高中生上学目的的现场调查，学生的回答基本都是：考一个好大学。考个好大学的目的是什么呢？学生答：找个好工作，还有说娶个好媳妇。那么找个好工作、娶个好媳妇或找个好丈夫的目的呢？沉默一会儿，有学生说过得幸福。

是的，几乎所有的追求最后的归宿都是让我们短暂的人生过得幸福。今天就让我们一起：为幸福思考。

一、选择这个题目的原因

（一）曾经的经历

回想起中学时代，几乎所有的痛苦都与考试有关，但那时候一学期才有两次大型考试，而现在是四次，学生经受的来自考试的折磨要比当年还多。因为缺少对自我的准确定位，期望值总是脱离实际，所以每次考试都是痛苦的。又由于不知道自己要去哪里，更谈不上目标，所以如漂荡的孤舟，孤独而茫然。而我们校园的学习生活中，有多少人关注你怎么想？关注你是否过得快乐？关注你明天去哪里？关注你未来是否能过得幸福？真的很少！更多的人关注的可能是你这次考试又考了多少分？更多的是分析你为什么又退步了，有什么策略能让你提高成绩？你是能上本科、上重点还是上名校？而成绩背后的东西，让我们明天会过得更好的东西，我们却只能留给明天。这让我想起了一个故事：有一个教授和他的妻子同游加拿大的尼加拉瓜瀑布，却在途中迷了路，然后这位教授听从太太的建议，走了弯路延缓了到达终点的时间。于是一路上教授不停抱怨，太太也不吭声，终于在比正常时间晚了两小时达到瀑布后，教授被眼前的壮阔风景所震撼，但当他邀请妻子下车观赏时，太太却绷着脸说："我不去，你自己去！"此事过后，这位教授总结出一句话：如果过程不愉快，到达目的地也没有用。教授的总结精辟、震撼！在我心头久久挥之不去。有多少时候，当我们目光盯着目的和结果时，当我们千方百计要达到目的时，我们何曾认真考虑过达到目的的真正意义。如果我们清楚地知道自己真正要的是什么，就不会为了目的而忽略那个与结果一样重要，甚至比结果更重要的过程了。

今天再回想过去，我才明白，在中学时代，比成绩更重要的是你在这段日

第一章　了解自己

子成长了多少，收获了多少，为你的人生奠基了多少，所以我今天想告诉你：要为幸福思考。

（二）学生的困惑

学习的目的是什么？学这些有什么用？这是我和很多一段时间内学习状态欠佳的高三学生谈话时，经常被问到的问题。能问出这个问题的学生，大多是很优秀的学生。那么对于高中生，学习的目的是什么呢？我常常这样作答：

其一，学习的目的主要在学习之外。

学生常常会因为，在学习中突然想到，学习语数外、理化生等科目，将来这些东西有什么用，能有多少能用到，而引发学习这些知识无用的想法，进而产生学习的懈怠情绪，让自己困惑于"学习的目的是什么？"的问题中。那我首先来告诉你，学习的目的，90%甚至更多不在于你学习的知识本身，你现在学习的知识将来能用到的少之又少。而学习的真正目的在学习之外。

其二，学习是为寻找幸福的状态。

我常常问提出这个问题的学生："当你没有这个问题困惑之前，当你闷头学习的时候，你是什么感觉？"答案往往是"过得挺充实的""学得挺有劲的""不觉得无聊""反正不闹心"，等等。我告诉他，这就是幸福的感觉。作为学生，每天学得踏实，有收获，这就是幸福的感觉。而寻找这种学习的状态就是学习的目的，换句话说，学习的目的就是寻找幸福的状态。让自己的学生生活过得幸福，找到这种幸福的状态，就是为明天的幸福奠定基础。"幸福是人生唯一的事业"，当一个人失去了幸福的状态时，无论你将来从事什么职业，无论你的生活是闲是忙，你都很难找到人生的快乐。

其三，学习是为明天做出的选择。

如果说学习的眼前目的就是寻找一种幸福的状态的话,那么它应该还有一个长远的目的。当然这个目的也和幸福有关,那就是为明天的生活圈子做一个选择,这个圈子会影响到一生的幸福。选择不同的大学,选择不同的专业,就会有不同的老师,就会有不同的校友,就会有不同的同学,就会从事不同的职业,就选择了不同的人生圈子。这个圈子的高度、开阔度就会影响你人生的高度和开阔度,就会影响你人生未来的幸福指数。那么你今天学习的目的,就是尽量让明天的选择最优。

这个世界,多少人每天如约而来,又有多少人每天无约而去。让我们珍惜生命中的每一天,为它缔造一个幸福的状态,为它选择一个幸福的圈子,幸福地过一生。即现在学习的目的就是为了幸福!

(三)教师的责任

曾经带着满满的热情,走入教师队伍,走入课堂,开始自己的教师生涯,我甚至清晰地记得自己上第一节课时说过的第一句话:"同学们,让我们以热烈的掌声欢迎生物老师。"那是我故作镇静地为自己加油鼓劲。认真踏实地当了多年教师之后,发现昔日的很多朋友、同学都发达了,有的发了财,有的升了官,于是心里曾是隐隐地感到悲凉,为教师这个职业。再后来,我意识到教师的价值不在权力亦不在金钱。因为教师创造的是育人的价值,而其他的价值,如经济价值、政治价值等,皆为人所创造,所以教师的价值是无法用金钱和权力来衡量的。在有了这份心理平衡之后,我又重新找回了幸福的教师生活。同时我也在想,教师在教书育人的过程中,应该扮演什么角色?我们教书育人的目的是什么?最后我给自己的结论是:做传递幸福的使者,让更多的人生活得幸福。当然前提是,教师必须是幸福的,我们无法相信一个愁眉苦脸的教师,能把幸福的种子传递给学生。

下面就把我思考的关于幸福的要素分享给大家。

二、影响幸福的四个要素

（一）好习惯是幸福的心脏

在我们的教育理念中，有时过分强调了刻苦努力的重要性，似乎只要刻苦努力什么目标都可以达到，有无数个例子证明成功者是经历了怎样的刻苦努力才到达成功彼岸的。就像我们常常引用爱因斯坦那句"成功等于百分之九十九的汗水加百分之一的灵感"一样，常常省略后半句"百分之一的灵感比百分之九十九的汗水更重要"来突显"汗水"的重要性。但一项韩国学者主持的研究表明，成功并没有人们宣传的那样难，真正的成功者，甚至是在体验着无数快乐和幸福之后，到达成功的顶峰的。为什么会这样呢？因为成功者往往在兴趣的驱使下，养成了奔向成功的好习惯。在别人看来，一项难以坚持的、需要努力付出的行为，在成功者那里只是一种习惯性的行为而已，就像心脏的跳动，自然而然，谁听说过心脏跳得很累的？

那么怎样养成一个好习惯呢？方法有很多，但关键在于坚持。可是怎样才能坚持养成一个好习惯呢？有时需要一个同伴。在疯狂英语李阳老师的回忆文章中，他提到当年在大学校园里坚持大喊英语时，有一个能够坚持四年周末在图书馆读书的同学作为同伴，而他成功的时候，他的同伴在哈佛大学读博士。有时需要一份动力。就像少年为了追求自己心仪的女孩，本来逃课打架的他，装成女孩喜欢的刻苦好学的模样，结果成为一个学业有成的青年。有时需要放弃一些东西。就像万科总裁王石在攀登珠峰前，放弃一路美丽的风景，养精蓄锐，最终登顶珠峰。

如果你把玩游戏当成一种习惯，你只会收获快感后的空虚，更会为虚度光阴而悔恨不已；如果你把健身当成习惯，你收获的不仅仅有运动场上的快乐，更会有健康的身体；如果你把懒惰当成习惯，你只会收获眼前的安逸，更要为明天付出更大的艰辛；你把勤奋当成习惯，你收获的不仅仅是当下的丰硕，更为明天的辉煌奠定了基础。所以我们有时说，今天的坏习惯就是明天不幸的你；今天的好习惯就是明天幸福的你。

（二）目标是幸福的大脑

没有方向的日子是混沌的，每天只是感受着日出日落；有方向的日子是幸福的，因为你知道自己要去哪里，浑身充满了激情与力量。

比塞尔是西撒哈拉沙漠中的一个小村庄，它靠在一块1.5平方千米的绿洲旁，可是在肯·莱文1926年发现它之前，这里的人没有一个成功走出过大沙漠。肯·莱文作为英国皇家学院的院士，当然不相信这种说法。他用手语向这儿的人询问原因，结果每个人的回答都是一样：从这儿无论向哪个方向走，最后都还是要转回到这个地方来。为了证实这种说法的真伪，他做了一次实验，从比塞尔向北走，结果三天半就走了出来。经过一番思索，肯·莱文发现比塞尔人之所以走不出沙漠，是因为他们根本没有人认识北极星。

肯·莱文在离开比塞尔时，找来一位叫阿古特尔的当地青年，他告诉这位小伙子，只要白天休息，夜晚朝北面那颗最亮的星走，就能走出沙漠。阿古特尔跟着肯·莱文，3天之后果然来到了大漠的边缘。

现在比塞尔已是西撒哈拉沙漠中的一颗明珠，每年有数以万计的旅游者来到这里，阿古特尔作为比塞尔的开拓者，他的铜像被竖在小城中央。铜像的底座上刻着一行字：新生活是从选定方向开始的。

第一章 了解自己

这个故事告诉我们，要感受幸福，先从选定目标开始，因为幸福的感觉是大脑给出的。

（三）尊严是幸福的脊梁

美国前国务卿希拉里在美国哈佛大学发表演讲，对未来的中国发表预测：20年后，中国将成为全球最穷的国家。她给出的依据中有一条是："大多数中国人从来就没有学到过什么是体面和尊敬的生活意义。对民众而言，获取权力或金钱就是生活的一切，就是成功。全民腐败、堕落、茫然，在人类历史上空前绝后！"但我想在这里对你们说：二十年后，中国一定不会是全世界最穷的国家，因为在这个国度里，还有一些人并不以权力或金钱为一切，他们懂得什么叫有尊严地活着。中国国务院原总理温家宝的政府工作报告中就曾提道：让人民生活得更有尊严。我们这个国家，我们这个民族，当我们每个人意识到有尊严地活着才能获得高质量的幸福时，就挺直了脊梁！

作为高中生，怎样才能算活得有尊严呢？

倾听学生的答案：守纪律，刻苦读书，做高中生应该做的事，不让父母和老师操心……

对于这个问题，答案可能有很多。但其核心却是不变的，就是要有一颗充满热情的积极向上的心。你可以犯错误，但你一定要有改正错误的决心；你可以失败，但你一定要有站起来的勇气；你可以哭泣，但你一定要擦干泪后更加努力地向自己的目标前进；你可以……总之在你的高中岁月里，如果你能不断地挑战自己，积极进取，让父母、让同学、让老师、让你生活中所有与你接触的人，更让你自己觉得，你一直在为做一个优秀的高中生而努力奋斗，那你就是有尊严的，你就是幸福的。

（四）情义是幸福的血肉

校园里的同学情，是一种"不必常常提起，却永远无法忘记的情义。"在相处的日子里，你的宽容、你的关怀、你的付出……都会深深地刻在同学心里，在适当的时候，成就你的明天。如新东方的俞敏洪，在北大为同宿舍的同学打了四年水，既换来深情厚谊更获了事业的成功。而同宿舍带六个苹果，每天自己吃一个的同学，却没有人愿意在他困难的时候搭把手。因为他的自私损坏了本应珍惜的东西——情义。

校园里的师生，是一次"注定要分手的相遇"。他可能严厉、他可能苛刻，但他给你们的一定是最无私的爱，因为这个世界没有一项职业是为了别人的成功而如此努力打拼的，唯有教师不同。这份相遇，往往在分手的时候才觉得厚重，那么能否现在就去珍惜呢？

陪伴你们的父母，是一份"永恒的背影，永恒的温情"。记得朱自清的《背影》吧？那是你们长大后会看到的。而你们现在给父母留下的正是一个个背影，你离开家的背影，你步入校园的背影。当你步入高中的时候，想一想你们能这样相对长久地留在父母身边多久？上大学几乎是你们"飞离"的必然，你工作，你成家，你有多少日子能常回家看看？可是在父母身边的日子，你是否珍视了这份拥有？如果能本着"值得珍惜，不必计较"的态度面对父母的不解，如果能做好自己，让父母为你而欣慰，你难道不幸福吗？

每一棵大树的成长，都离不开沃土的滋养。你的胸怀可以在蓝天，但一定要把深情藏入沃土；每一个人的成功，都离不开周围人的呵护，你可以飞得很高走得很远，但一定要沉淀一份情义在心底。因为它是幸福的血肉，会让你的人生幸福充盈饱满。

第一章　了解自己

三、牛津幸福感调查表

说明：认真阅读以下关于幸福的陈述。请在每个陈述前面的空白处，根据所给的量化数值，填写结果。

　　　　1　　　2　　　　3　　　　　4　　　　5　　　　6
完全不同意　不同意　有点儿不同意　有点儿同意　比较同意　完全同意

1. 我对自己现在的状态非常不满。（×）

2. 我对其他人有强烈的好感。

3. 我觉得生活很有价值。

4. 我对每个人都很亲切。

5. 我起床后经常觉得没休息好。（×）

6. 我对未来不是非常乐观。（×）

7. 我发现大多数事情都很有趣。

8. 我总是意志坚定，做事投入。

9. 生活总是美好的。

10. 我认为这个世界不适宜生存了。（×）

11. 我经常大笑。

12. 我对生活中的一切都非常满意。

13. 我认为自己没有魅力。（×）

14. 我现在做的事情不是我想做的事情。（×）

15. 我非常幸福。

16. 我可以在一些事情中看到美好的一面。

17. 我总是能给其他人带来快乐。

18. 我能够找到时间完成我想做的每一件事。

19. 我觉得自己不能很好地掌控生活。（×）

20. 我觉得自己可以承受任何事情。

21. 我感觉自己的思维非常敏锐。

22. 我经常感到快乐和喜悦。

23. 我发现做出一个决定非常困难。（×）

24. 我对生活的目标不是很明确。（×）

25. 我感觉自己精力充沛。

26. 我对事情的发展经常起到积极作用。

27. 我觉得和他人在一起没有乐趣。（×）

28. 我觉得自己的身体状况非常不好。（×）

29. 对于过去我没有什么特别美好的记忆。（×）

计分方法：

第一步：其中有12项后面标有（×）的得分需反向取分，即如果你给自己评分是1分，那么你的实际得分就是6分，以此类推。

第二步：把这12项改写完的得分加上其余项目的得分就是29个问题的总得分。

第三步：幸福指数=总分数／29=_____

首次测量幸福指数日期：_____

幸福指数（第二次测量）：_____   日期：_____

幸福指数（第三次测量）：_____   日期：_____

第一章　了解自己

幸福指数（第四次测量）：_____　　日期：_____

四、主观幸福感量化表

说明：阅读下面的问题，请圈出最能代表你当前幸福感的数字。（请认真阅读，每项都各不相同。）

1. 通常情况下，我觉得自己：

1　2　3　4　5　6　7

非常不幸福　　　　　　　　非常幸福

2. 和大多数同龄人相比，我觉得自己：

1　2　3　4　5　6　7

不如他们幸福　　　　　　　比他们幸福

3. 有人总是特别幸福，懂得享受生活，不管发生什么事情，他们都能从中获得最大的幸福。你是这样的人吗？

1　2　3　4　5　6　7

根本不是　　　　　　　　　一直都是

4. 有些人总是感觉自己很不幸福，虽然他们并不消极，但他们似乎也从来没有感受过真正的幸福。你也是如此吗？

1　2　3　4　5　6　7

总是这样　　　　　　　　　根本不会

计分方法：

第一步：总分=各题分数之和=_____

第二步：幸福得分=总分／4=_____

首次幸福得分测量日期：_____

幸福得分：（第二次测量）：_____ 日期：_____

幸福得分：（第三次测量）：_____ 日期：_____

幸福得分：（第四次测量）：_____ 日期：_____

（量表来源：《幸福有方法》[美]索尼娅·柳博米尔斯基著）

附：

《幸福有方法》简介：全球最权威的积极心理学家索尼娅·柳博米尔斯基经过数十载的潜心研究，基于其翔实可靠的实验成果，写出了这本著名的《幸福有方法》。作者认为，我们的幸福有50%是天生的，由基因决定；有10%由生活环境决定；还有40%则掌握在我们自己手中，能够靠我们的思维和行动来获得。书中给出了12项具体实用的幸福行动，任何人都能在其中找到最适合自己的幸福方法，只要坚持不懈地加以实践，就一定会提升自己那40%的幸福感。

第二章

创造幸福

幸福不是一次行为,而是一种习惯,习惯是可以养成的。王尔德说:"一开始是我们塑造了习惯,然后习惯就塑造了我们。"我们应该怎样养成自己的"幸福习惯"?那就是要有创造美好环境的能力,有强大的自信心,有坚强的意志力。

第一节　你就是环境

  我们每个人都能意识到爱护环境的重要性，也都知道人的生活离不开环境的帮助，在一定意义上环境是我们的朋友，可许多同学并没有认识到，环境不完全是自身之外的东西，有时环境就是本人。

  你周围的人和事物构成了你的环境，这个环境有自然环境，如教室里的卫生状况，学校的绿化和清洁的空气等；还有一种是社会环境，如你与班级同学的关系如何，你班级中是否具有积极向上的竞争气氛等。这两种环境都与你有密切关系。从你自身的角度看，你周围的人构成了相对你而言的环境。比如，你正在学习时，突然有一位同学制造了怪声，惹得全班同学哄堂大笑，你的注意力被打扰了，也就是说，你的学习环境受到了破坏。再比如，你们班的同学都不按要求值日，导致你所在教室脏乱不堪，散发出一股令人难以忍受的气味，从而导致在这一环境中的你不能正常学习和生活。可见，环境与你周围的人有关，是他们在破坏或者保护环境，所以，你的环境有赖于周围人的努力。

  另一方面，如果从别人的角度出发，你也正是他们的环境守护者。你是他们周围的一员，你构成了他们的环境的一部分。有一天，大家都在聚精会神地上数学课，你迟到了，可是没有敲门，而是直接推开门走进了教室，使全班同学的眼光都集中在了你身上，影响了学习。你的行为就破坏了班级的学习环境。如果大家都像你一样，班级的课堂纪律就得不到根本保证。可见你是其他人环境中的重要因素，是不可取代的因素。你是他人的环境，他人也是你的环境。

人生活在世界上特别是集体中，总是不能摆脱他人的影响，只要他人存在，或是对你有好的影响，或是对你有妨碍的作用。同理，你也在每时每刻影响着别人。可见，环境在很多时候指的就是这种人与人的相互影响。

那么，作为别人环境的组成因素，你做得如何？当你抱怨周围的人经常打扰你时，当你觉得周围的人没能维护好你所处的环境时，你自己又做得如何呢？

在这方面，我们经常出现的问题有：

第一，我们没有意识到我们自己就是别人的环境。我们经常抱怨别人打扫卫生不努力，别人在草坪上乱扔纸屑，别人往美丽的湖水中扔东西，而我们自己却没有意识到，自己也在下意识地把没用的东西扔到马路上，把果皮扔到路边。自习课上，我们对别人大声说话很愤怒，可轮到我们想与别人讨论问题时，我们也用过大嗓门；考试时，我们对别人翻卷纸的声音很反感，这声音打扰得我们答不下去，可我们却重复着别人的错误，自己翻卷纸时也毫不在意周围的人，这样循环下去，大家注定都没有一个良好的环境。

第二，我们有意地与周围的人作对，认为既然你不维护环境，那么我也不维护环境。在一个学校中，有一个人发现自己自行车的气门芯被人拔走了，他怒火冲天，一气之下，把旁边自行车的气门芯也拔掉了。过了一会儿，第三个同学来到这儿，发现自己的自行车被破坏，便又重复了这一错误。结果，整个

第二章 创造幸福

自行车棚的自行车没有一个是能用的了,大家都无法正常放学回家了。这是一种狭隘的报复心理,以血还血,以牙还牙。其实,这是在报复自己,因为最终的循环又会回到自己身上。如果相互拔气门芯成为大家的习惯,结果是谁的自行车都用不了,所以报复不是理性的态度,它只能使环境更为恶劣,到头来,受害的还是自己。这是一种损人不利己的愚蠢行为。

第三,我们知道自己是别人环境的重要组成部分,我们甚至也知道如果不从我做起,环境永远得不到改善。可我们也会为了自己的方便,或者出于习惯,而不能有效地约束自己。比如,在自习课上向同学大声询问,是我们的一种习惯;而把废纸扔在垃圾箱里要走很远的路,于是就随便一扔。所以,当维护环境要付出极大努力时,人们就不愿意了,往往还是以自身的方便和利益为重,这是一种很普遍的心态。研究表明,当维护环境需要人们付出极大努力时,人们维护环境的行为能力就大大下降。如要求人们把喝空的瓶子扔到垃圾箱,不难做到;可当人们看到路边有一个西瓜皮,哪怕离垃圾箱很近,也很少有人把它拾起,送入垃圾箱。这主要是由于人们觉得它太脏,况且又不是自己扔的。

无论出于什么样的原因,如果你在过去的生活中对环境的维护和保护方面做得不够,你就要反省自己。你应该认识到自己对周围的环境来说是多么不可缺少。所以,我们应当从现在做起。做到人人为我,我为人人,时刻想到自己对于维护环境的责任。

首先,从自我做起,尽可能地少破坏、多爱护你的环境,你要相信,如果每一个人都像你这样做,环境迟早会得到净化的。只要你维护环境了,别人就会受益,别人从环境中受益后,就会自然回报环境。良性循环的起点只能是你而不能是别人。

其次，为了维护环境，我们要多改变自己，要牺牲一些个人的方便和利益，这是因为维护环境是通过给大家带来益处，而最终使自己受益的。所以，如果我们只看到了眼前的利益，就不可能具有维护环境的自觉性，只有放弃个人习惯，放弃个人的方便，大家都像你一样，不计较个人的得失，从大局出发，环境才能变得更加美好。

最后，维护环境是每时每刻的事情，不论事情多么细小，无论在什么场合，我们都要从身边的小事做起。在公共场所的说话声音，在学校中的穿戴打扮，在同学和老师面前的讲话方式及语气，都体现着我们的环境意识和维护环境的努力。要每时每刻都具备维护环境的意识，这需要我们超越自我，从别人的角度想问题，从给别人造成影响的立场去想问题。

记住，你就是环境，人人是你的环境，你也是人人的环境，你与周围的人是息息相关的。你通过艰辛的努力维护了别人的环境，在这一过程中，你发挥了自己的作用，从整体上说，你也正是在为自己的良好的环境付出了努力。

附：

练习：改变什么

请判断下面的情况，看一看处在下面情形中，你应当改变的是环境，还是你的行为和想法，并回答如何改变。

1. 你的父亲因为你的学习成绩不好而打了你，你觉得和他在一起十分别扭。你一见到他就烦，与他在一起你紧张极了。你应当如何行动？是尽量回避他呢？还是改变自己？

第二章 创造幸福

2. 你有一个好朋友，与你无话不谈，可忽然有一天你发现他把你对他说的好多知心话泄露给了其他人。你从此就不与他来往了呢？还是去适应他呢？

3. 你因为搬家而来到一个新学校，这所学校的环境，包括学习风气和同学关系都与你原来的学校大不一样，你开始几天上学觉得没有朋友，心情压抑，你是改变自己，让自己随和一些呢？还是尽量回避与同学的接触，下课就回家，独自在家中打发时间呢？

4. 运动会比赛结束了，你的百米成绩不好，只得了第六名。而你过去的最差成绩都是第三名。这时，体育比赛又要练习百米跑，你是回避、应付了事呢？还是吸取上次比赛的教训，重新开始，认真地练习？

5. 如果你和某一同学因为竞选干部而有分歧，发生了一些争执，你以后对他是敬而远之呢？还是想一想自己的不对，忘记前嫌，一道配合把班上的工作做好呢？

在英国最古老的建筑物威斯敏斯特教堂旁的墓碑上面刻着这样一段话：

"当我年轻的时候，我梦想改变这个世界；当我成熟以后，我发现我不能改变这个世界，于是我将目光缩短了些，决定只改变我的国家；当我进入暮年以后，我发现我不能改变我的国家，我的最后愿望便仅仅是改变我的家庭，但是这也不可能。当我现在躺在床上，行将就木时，我突然意识到：如果一开始我仅仅去改变我自己，然后，我可能会改变我的家庭；在家人的帮助和鼓励下，我可能为国家做一些事情；然后，谁知道呢，我甚至可能改变这个世界。"

这段墓文令人深思。

大文豪托尔斯泰也说过类似的话："全世界的人都想改变别人，就是没人想改变自己。"别说命运对你不公平，其实上帝给每个人都分配了美好的将来，只是看你有没有把握住自己的人生。有的人用习惯的力量让自己抓住了命运的手。有的人虽然最初与命运擦肩而过，但是他们改变了自己，又让命运转回了微笑的脸。有些时候，应该迫切改变的或许不是环境，而是我们自己。也许你不能改变别人，改变世界，但你可以改变自己。幸福、成功的第一步，唯需从改变自己开始。

记住：如果你根本改变不了环境，如果你改变自己对自己有好处，你就改变自己适应环境吧！

第二节 自信是成功的秘诀

自信心是一个人取得成功的重要心理因素，我们一起努力去揭开它的面纱。

一、精彩自信的人生片段

（一）海伦·凯勒——人类永恒的骄傲

海伦·凯勒（1880—1962），美国女学者。生于亚拉巴马州的小镇塔斯康比亚，一岁半时突患急病，致其既盲又聋且哑。在如此难以想象的生命逆境中，她踏上了漫漫的人生旅途……

人们说，海伦是带着好学和自信的气质来到人间的。尽管命运对幼小的海伦是如此的不公，但在她的启蒙教师安妮·莎利文的帮助下，顽强的海伦学会了写，学会了说。小海伦曾自信地声明："有朝一日，我要上大学读书！我要去哈佛大学！"这一天终于来了。哈佛大学拉德克利夫女子学院以特殊方式安排她入学考试。只见她用手在凸起的盲文上熟练地摸来摸去，然后用打字机回答问题。前后9个小时，各科全部通过，英文和德文还得了优等成绩。四年后，海伦手捧羊皮纸证书，以优异的成绩从拉德克利夫学院毕业。

海伦热爱生活，她一生致力于盲聋人的福利事业，赢得了世界舆论的赞扬。她先后完成了"我生活的故事"等14部著作，产生了世界范围的影响。她那自尊自信的品德，她那不屈不挠的奋斗精神，被誉为人类永恒的骄傲。

（二）"荣誉班"的启发

著名的美籍物理学家钱致榕教授于1982年回国参加南京大学校庆时，曾谈起他在学生时代的一段经历：

在中学学习时，大部分学生对学习并不重视，他也整天沉湎于游戏，不爱学习。有一天，校长宣布要成立一个"荣誉班"，凡选入"荣誉班"的学生必须具备的条件是，这些学生有相当的能力，并且今后有一定的发展前途。消息传出，全校学生为之鼓舞，家长们也非常关心。名单终于公布了。据钱教授回忆，这件事轰动了全校。被选入"荣誉班"的学生，不仅在学校而且在家庭、在社会上都受到了青睐。钱教授也是当时被选入"荣誉班"的学生。他和他的同学们从进入"荣誉班"的那一刻起，便对自己的前途充满信心。他们严于律己，勤奋学习，各方面都很快超过了其他班级的学生。毕业后也大多成了有成就的人。

若干年后，在一个偶然的机会里，钱教授遇见了当年的校长，钱教授感谢校长当初成立"荣誉班"选拔人才的做法，而校长却告诉他，当初这个"荣誉班"的60名学生只是由教师随意抽签决定的。

(三) 精神的力量

有这样一段传说，非常发人深省。一位年老的盲人琴师带着一位盲童四处漂泊，以弹唱为生，其技艺高超，名扬四海。有一天，老琴师终于弹断了第一百根弦，他欣喜万分，因为他师父生前曾传给他一个药方单，说当他弹断第一百根琴弦时再照单抓药，必能使双目复明。然而药店伙计却告之纸上只字没有。琴师木然了，虽然他明白师父的苦心，但那个支撑他一生的强大支力顷刻间消失，精神也随之彻底崩溃。不久，他便去世了。临终前，他把药单传给了盲童，并重复了当初他师父讲的那番话。他要传给盲童的是一股力量、一个追求、一种生的理由，因为他一生就是靠这种追求来维系的。

现代心理学认为：人生的追求是一种求得成功的动机。它是人们去从事、去完成自己所认为重要的或有价值的活动，并欲达到某种理想境界的一种内在的推动力。它能促使人在相关的活动中奋发努力，勇往直前。正是有了这种力量，才会有那么多可歌可泣的人生传奇。倘若失去了这种力量，人在现实面前会变为奴隶，而这样的人生必然是一场充斥着颓废和失败的悲剧。

唯有精神不倒，才会有真正的、最后的成功，也才会有富于价值的人生。

二、思想的力量

心理学家找来身体健康状况都一样的三个人测握力。在清醒状态下，三个人的平均握力是101磅；第二种情况，在催眠的状态下，加入虚弱意念，三人的平均握力是 29 磅；第三种情况，也在催眠状态下，加入强壮意念，三个人的平均握力是 142 磅，增加了 50%，这个就是我们难以置信的思想与心理的力量。

300 年前，密尔顿在失明之后，也发现了同样的真理："思想的运用和思想的本身，就能把地狱造成天堂，把天堂造成地狱。"

当一个人改变对事物和其他人的看法时，事物和其他人对他来说，就会发生改变。要是一个人把他的思想，望向光明，他就会很吃惊地发现，他的生活受到了很积极的影响。

人不能吸引他们所要的，却可以吸引他们所有能变化气质的神性，就在于我们自己思想的直接结果。有了奋发向上的思想之后，一个人才能奋起，并能有所成就。如果他不能奋起他的思想，他就永远只能衰弱愁苦。

三、学生参与

分析自己的优缺点，发扬优点，克服缺点。

方式：请每个同学写出自己的至少五个优点，然后收上来，并当众点评 3~4 名学生，其他同学说出该学生的优点，教师给予恰当的引导。

四、建立自信的两个条件

（一）相信自己有能力

认识自己的长处可以建立自信，认识并指出别人的长处，可以帮助他人建立自信。有些人总是十分乐观，对自己信心十足，遇到挫折也不泄气，如果仔细观察一定会发现这些人的共同特点，他们十分了解且相信自己的优点以及过去的成功。成功其实很简单，如给别人一次及时的帮助，结交一位知心朋友，学会一件乐器的演奏，织成一件毛衣，养好一只小动物等等都是成功。

（二）感觉到为别人所欣赏

建立自信的第二条件是感觉到为别人所欣赏，世界上每个人都有这样的需要：被别人承认，被别人认为有价值，被别人尊重，被别人所爱……也就是被别人欣赏。如果这种需要得不到满足，人的自信就会动摇。

五、建立自信的七个步骤：

1. 告诉自己一定要实现的目标；

2. 要做最好的心理准备；

3. 重心放在你最大的长处上；

4. 建立良好的自我激励机制；

5. 从你的错误和失败中吸取教训；

6. 放弃逃避的念头，方能产生信念；

7. 要切实遵守自己所订下的约束。

附：

欣赏自己

也许你想成为太阳，可你却只是一颗星星；

也许你想成为大树，可你却只是一株小草；

也许你想成为大河，可你却只是一泓山溪；

于是，你很自卑，

第二章 创造幸福

很自卑的你总是以为命运在捉弄自己,其实你不必这样。欣赏别人的时候,一切都好,审视自己的时候也没那么糟,和别人一样,你也是一片风景,也有阳光,也有空气,也有寒来暑往,甚至有别人未曾见过的一棵春草;甚至有别人未曾听过的一阵虫鸣……

做不了太阳,就做星辰,在自己的星座发光发热;

做不了大树,就做小草,以自己的绿色装点希望;

做不了伟大,就做实在的自我,平凡并不可悲,关键是必须做最好的自己。

不必总是欣赏别人,也欣赏一下自己吧,你会发现天空一样高远,大地一样广大,自己与别人有一样的活法。

走向超越的只有靠你自己。

附:

名言引用

"才能就是相信自己及自己的力量。"

——高尔基

"世界上没有打不倒的敌人,只有打不倒的自己,人只有征服自己,才能征服世界。"

——拿破仑

"认识自己比认识世界还难。"

——培根

"人生的幸福只能让自己来摘取,无论是谁,都应养成依赖自己和信赖自己的习惯。"

——卡耐基

"能够成功的人,只比别人多坚持了5分钟。"

——爱默生

第三节 意志力是成才的保障

意志力,这个名词众人皆知却又难以给出具体明确的定义。研究这一领域的心理学家认为,意志力这个概念可以化约为自我控制,自我控制指的是能控制内心某个冲突,成功抑制了恶魔的一方。比方说跑马拉松时会肌肉酸痛、呼吸不顺、腹部疼痛等,此时内心就会出现想停下来舒缓痛楚的欲望,而另一方面也希望可以完成全程马拉松,此时内心就产生了一个冲突:要继续跑还是要停下来?若能成功抑制停下来舒缓不适的欲望,也就控制了这一次的内心冲突,让自己得以继续跑下去。因此,"完成一次马拉松 = 重复地对抗内心冲突、抑制想停止的欲望 = 意志力的展现"。许多生活上需要意志力的行为都能够用这个模式解释,像减肥者需要抑制食欲、规律运动等。

爱默生说:"成功就是比别人多坚持5分钟"。这5分钟,就是意志力的体现。意志力如此重要,那么如何增强或培养意志力呢?

一、自我引导形成意志力

一个人的意志力代表着他生活或做事的方式。意志引导着自己,也指挥着人身体的其他部分。意志力不仅是指下决心时的决断力,它还包括用来感悟理解的感受力,以及进行构想的想象力。意志力更多的是指所有"进行自我引导的精神力量本身"。罗伊斯这样说:"从某种意义上说,意志力通常是指我们全部的精神生活,而正是这种精神生活在引导着我们行为的方方面面。"

意志力可被视为一种能量。根据能量的大小,还可以判断出一个人的意志力是薄弱的,还是强大的;是发展良好的,还是存在障碍的。

当摩尔人的首领莫利·摩洛克因重病卧床,被不治之症折磨得奄奄一息时,摩尔人的军队和葡萄牙人之间发生了一场战争。在战争陷入危急关头之时,莫利·摩洛克竟然从病床上一跃而起,重新召集了自己的军队,并领导他们取得了战争的胜利。而战争一结束,他立即元气耗尽,离开了人世。这就是一个关于展现蓄势而发的非凡意志力的例子。

二、动机催生意志力

一位法国作家曾经说:"意志力就是为了行动而进行选择。"我们认为,这一表述并不十分准确,因为意志力本身并不能进行选择,做出选择的是人。但从宽泛的意义上来说,意志力也可以被定义为选择"一个人该做什么"的力量。这种选择往往会与意志力相关,伴随着意志力而来的是相应的行动。可以说,只要精神和体力条件允许,我们通常会按照我们实际的选择来做。当条件不允许的时候,我们也许心里很渴望,但是在意念上我们不会选择去做。从这个意义上来说,选择也包含了理性,只有当理由足够充分的时候,人才会产生意志力。

人们认可这样的事实,一个充分的理由就能构成一种动机,并会为行动提供依据。当一个人认可了某一种动机,也就是说他在这一方面为下定决心提供了充足的理由,那么他就已经选择好了适当的行为来服从意志。但也可能出现这样的情况,很多人似乎认同某种行为的理由,却没有决心去实践。为什么呢?那是因为可能在潜意识当中,有其他理由在为不采取行动或采取相反的行动提供了充足的依据。

正如乔舒亚·罗伊斯教授在他的著作中所说:"我们不仅能感觉得到自己的所作所为和观点态度,而且往往对自己的所作所为和观点态度的重视程度是有差别的。对有的东西,我们要注意得多一些,而对另外的东西,却要注意得少一些;在具体行动和行为方式上,我们有时选择一种倾向,有时却选择另一种倾向,以此来实现我们的目标与渴望。"

尽管动机必须要有充分的理由来支持,才能唤起意志力,但这并不代表理由是让意志力起作用的直接力量,它仅仅是一种原因。对意志力产生直接作用的施力者是人。人能够很方便地为下定决心找出足够的理由,归根到底,"人"才是行为的最高统帅。

三、意志力与健康的依存

一方面,强有力的意志是身体的主人,它总是借助各种欲望或理念来指挥着我们的身躯。受过训练的运动员能够自如地引导身体各部位力量,但是我们要知道,在训练的最初,这些不同部位的身体力量就如同脱缰的野马一样难以控制。所以有人说:"接受不断的磨砺,并且顽强地挺过来,这是成长为一名优秀运动员的必经之路。"伊格内修斯的话揭示了一个道理:顽强的意志力对于生命有着重要的意义。就连现代大学中的心理学研究者也把每一种身体的因素或力量视为一种工具、一种预兆、一种对个人精神状况的反映。

另一方面,拥有健康身体的人,往往更容易形成坚强的意志力。在运动场上,拳击台上,在战胜对手的那一刻到来之前,运动员往往比一般人更能坚持。所以,坚持锻炼,不懈努力,拥有一个健康的身体,也是增强意志力的一条途径。

四、有道德的意志力更持久

完善的意志力是个人道德的导师。对意志力的真正磨砺不可能离开高尚的品质和正直的观念。忽视对良好道德的培养,可能不会影响一个人造就强大的意志力;但若没有高层次的道德情操上的要求,则不可能培养出完善的意志力。意志力的最高境界就是一种合乎高尚道德要求而又强大的意志力。

坚定的意志力从来就藐视"不可能"一词,而坚韧不拔的意志力则勇敢地宣告着:有志者,事竟成。有什么是不可能的?从这一反问中,可见意志力的傲然风格。拿破仑在英勇的一生中表现出了强大而富有韧性的意志力。华盛顿在从政生涯里体现了他对于合乎道德要求的决心和执着。意志力如果脱离了理性和道德的约束,结果就是:只会凭着一种愚勇、狂热和顽固的做法来实践他的主张。"菲利普的政策只是在管理一个广阔王国中所有的机器而已,事无巨细都要由他亲自掌管,他还为此而感到骄傲自豪。殊不知,这一雄心勃勃的目标实际上显得如此不切实际,它反映了一种狭隘无知的思想。"摩特利上述这番批评菲利普的话，正是在批判一种误入歧途的意志力。

为什么只有坚持正义的意志才能获得更加经久的胜利呢？这是因为正义的意志在向人们证明：所有满足正直要求的人都能够分享到共同的进步与好处。相反，如果运用意志力而毫不顾及他人的利益——穿着粗硬的鞋，随意践踏沿路的一切——那只会走向悬崖绝壁。

第三章

消除负能量

　　无论是人生的哪个阶段，幸福生活都是人们共同的追求。然而，没有等来的幸福，为幸福行动吧。战胜自己，克服人性的弱点，消除负能量，是人生获得幸福感的必经之路。

第一节　如何消除嫉妒

首先，我们要正确认识嫉妒的危害并学习如何克服嫉妒心理。

先看几则关于嫉妒的故事：

历史故事：孙膑致残，韩非致死，屈原放逐。

王晔和张路是好朋友，两人总在一起学习，学习成绩也不相上下。一次考试中，张路的成绩比王晔的高出了许多，王晔心里酸溜溜的。以往，王晔有好的学习资料总爱与张路共享，可最近妈妈给她买的学习资料，王晔却藏起来，不愿让张路看见……

王颖有许多漂亮衣服，看着王颖每天换一套衣服，爱美的李涛心里说不出是什么滋味，她常对别人说："瞧，王颖那样，就知道臭美……"

嫉妒，是一种古老的社会心理和意识。

嫉：憎恨比自己好的人；妒：是埋没贤良的人。从心理学角度来看，嫉妒是一种情绪状态，是人类最古老的情感，每个人都存在程度不同的嫉妒心理，在所有人的情绪和情感中，只有嫉妒心是对我们有百害无一利的。嫉妒是一种不良的心面表现，它是我们生活中的蛀虫，是影响集体和个人成长的腐蚀剂。

嫉妒是一种人际交往的态度，是一种情绪状态。具体来说，嫉妒是一种负面感情，它的动因是由于自己的需要得不到满足而进行的一种不良情绪的发泄，是一种企图缩小差距，实现心理平衡的手段。

一、嫉妒的内容

1. 嫉妒他人政治上的进步；
2. 嫉妒他人学业上的冒尖；
3. 嫉妒他人某一方面的专长；
4. 嫉妒他人生活条件的优越；
5. 嫉妒他人社会活动的活跃；
6. 嫉妒他人仪表上的出众。

可见，任何事情都可能成为引发嫉妒心理的导火线。

二、嫉妒心理产生的原因

（一）个人性格障碍

这种性格的缺陷是偏执型人格，他们常用扭曲的视角看待别人，多疑、固执、死板、不接受现实，总认为别人居心不良，一旦地位低于别人，就会用想象来编织他人的缺点。

（二）过分好强

有的人把超越他人当作生命的唯一目标，认为如果比别人差就不能活了，这种人如果看到朋友超过自己，便认为这是自己的失败与耻辱，证明了自己是一个无能者。其实，这是他们自己想出来的，别人并没有这么想，他们总把别人的成功与自己的失败不正确地联系在一起。所以，别人的成功使他们痛苦。

可见嫉妒心是一种不健康的心态。

三、嫉妒的危害

嫉妒别人的人，通常不能与别人交流自己的痛苦，而其他情绪是可以与人交流的。

嫉妒的人感到十分痛苦，嫉妒导致孤独，使他们不愿与任何人接触，从而形成更嫉妒的恶性循环。嫉妒心理的危害性极大，由于嫉妒心理有明显的指向性，嫉妒者往往不择手段地采用种种方法打击他们嫉妒的对象，因而对嫉妒者本人的身心健康也会产生极其不良的影响。国外非常重视这种病态心理。例如，近年来，德国已把嫉妒列为一种可以享受免费治疗的病。

总之，嫉妒的危害一是打击别人，二是贻误自己，三是腐蚀风气，于人、于己、于社会都有害。可以说，正像俗话"搬起石头砸自己的脚"所说的那样，嫉妒者以害人的目的开始，以害己的结果告终。

四、克服嫉妒心理的途径

（一）积极的超越

我们应该把更多的精力放在如何提高自己的成绩来超越对方上，即建立"你行，我也行"的信念。

将注意力放在提高自己，完善自己（取人之长，补己之短）上。

（二）善于自知

要善于自知，正确地分析、评价自己、悦纳自己，寻找新价值，冷静、客观、正确地认识自己。

不服输，不甘于落后，固然是推动人进步的动力，但事在人为，样样不服输，却是不可能的。一个人限于主客观条件，不可能"万事如意"样样都比别人好，事事都比别人强。正因为这样，在工作、学习、生活中，在自己的优势方面，要不服输，全力以赴地投入，做到"扬长"；在自己的劣势方面，要服输，服输是为了更好地向别人学习和借鉴，做到"补短"。扬长补短，不断地完善自我，超越自我，发挥潜能，做最棒的自己。

同时，我们要善于发现自己的特点，并发场自己的优点，通过发扬自己的优势而建立信心。

（三）充实自己的生活

有人说：嫉妒，能享有它的只能是闲人。如果我们生活充实，就不会花很大工夫沉湎在嫉妒里。多参加文体活动，多读些文学作品，和同学郊游。

当我们整天处于健康向上，乐观开朗的情绪体验中，并在活动中了解、发现自己的潜能，恐怕也就无暇去嫉妒别人了。每一个埋头于自己事业的人，是没有工夫去嫉妒别人的。对于别人的成绩，可以有三种截然不同的态度：一种消极嫉妒、诋毁、打击别人，从而抬高自己；二是自持阿Q精神，无视事实，夜郎自大；三是羡慕别人，唯恐落后，急起直追，通过自己的努力，缩小彼此间的差距，达到相互关系的新平衡。这样，就可以变消极的嫉妒心为积极向上的决心和动力了，我们提倡的正是这种态度。

（四）多与同学交往和交流

通过交往，加深了解，还可以发现别人身上的闪光点，为自己的进步提供借鉴。

了解对方的付出与艰辛，而不只是看到收获，将心比心，设身处地地替对方想一想，多一分理解和谦让，就少了一分嫉妒。

（五）学会放弃

放弃就是看开一切事物，对自己不要期望值太高，采取积极乐观的生活态度。

在心中建立这样一些信念："不要为一点小事而嫉妒，没必要""我的人生道路和他不同""路还长着呢，谁都有失意的时候"。

（六）心胸开朗、真诚地为朋友的进步而高兴

多看到人的长处，提倡友好的竞争，竞争是医治嫉妒病的特效药，嫉妒是无能和自私的化合物。而公平、友好的竞争，要依靠能力和智慧。

附：

如何处理别人对自己的嫉妒

被别人嫉妒的时候，通常心里觉得不好受。假如是受到轻微的嫉妒，有刺激一下自己优越感的快意，但受到强烈的嫉妒，就无法与那个人相处了。严重时，还会受到包括暴力在内的攻击。

如何处理别人对自己的嫉妒呢？

第一，对不如意的人要关心。在学习、生活上多关心那些不如意的人，日久天长就会减轻他们对你的嫉妒。

第二，不要在失意人面前得意。你成功了，自然值得庆贺。你得意的时候，别忘了，还有许多失意的人。如果你在他们面前得意，他们就会对你加倍嫉妒。

第三，故意示弱以软化嫉妒。嫉妒必定是针对处在优越地位的人发泄的，因此，你将自己的缺点坦白公开，可以缓和一下对方的自卑感，从而产生与自己一样的平等感，会缓和嫉妒。

第四，净化。所谓净化，是指感情的净化，心理压抑的解脱。嫉妒者心中毫无例外都有无处发泄的愤怒，感情上处于非常不愉快的状态。因为表示嫉妒，会被认为不是一种光明正大的行为，故无法对人提起，压抑在内心深处，从而使心情变得十分沉重。如果设法加以净化，让当事人将心中的忧闷倾诉出来，就会减轻他的愤怒、痛苦，从而削弱其嫉妒。

第二节　正确归因

学习，是中学生生活的主旋律，学会正确分析学习成效的原因，非常必要。本节内容就是要帮助中学生实现两个目标：1.掌握正确分析学习成败原因的方法，并且在学习加以应用；2.克服造成失败的因素，把握成功的机会。

第三章 消除负能量

一、归因的实验

心理学家琼斯在1957年曾做过一个实验：让一个测试组做作业，测试组内有一个是实验者的同伙（假被试者）。在测试组内除了假被试者所有的被试者都能完成作业，实验者控制了两种情境：一种情境是，假被试者的失败会使全体被试者都得不到奖赏；另一种情境是，假被试者的失败只会使他一个人得不到奖赏，并不因此而影响其他被试者获奖。虽然假试者在两种情境下的作业完成得同样的差劲，但在前一情境下，全体被试者都归因于假被试者的能力差，而在后一情境下，全体被试者都归因假被试者的运气不好。

二、理论分析

归因理论是人们用来解释自己或他人行为因果关系的理论。美国心理学家韦纳用归因理论解释个体的成就行为，一般可以把成功或失败的原因归结于个人的能力、努力程度、工作任务的难度以及机遇这四个因素。

根据这些因素的控制性和稳定性，又可分为内部（努力、能力）和外部（任务难度、机遇）归因，稳定（能力、任务难度）和不稳定（努力、机遇）归因。不同的归因倾向，会使人对成功和失败产生不同的情感反应，并影响个人对未来结果的预期和努力。例如：内部归因者由成功而产生自豪感、胜任感，由失败而感到内疚和羞愧，外部归因者则会因成功而感到幸运，因失败而迁怒于他人。

三、影响学生学业成败的因素

（一）智力因素

智力是个体对客观事物认识活动的稳定心理特征，智力因素包括观察力、记忆力、想象力、思维能力、注意力等，任何学习过程都依赖于这些因素。智力会表现出量的差异和质的差异。智力差异影响着学习水平，制约着学习风格，一般来说高智商形成学习定势快、易获得解决问题的策略、易于纠正错误和验证答案、较多使用逻辑推理、学习方法恰当、能持久地学习，因而学习成绩越好，且将来接受教育的程度越高。

（二）学习目标

成就动机推动学生去努力实现学习目标，每个学生的学习目标和所取得的成就各不相同，因而即使达到了相同的学业水平，成败感也各不相同。

（三）身心状态

身体健康、精力充沛、精神愉快、自信、坚定等良好的身心状态，无疑是顺利学习的一项重要保证。反之，精神不振、情绪低落等不良的身心状态，在较大程度上妨碍了学习的顺利进行。

另外，意外事件、家庭失和、教师对某些问题的处理不当、同学之间的冲突等也会影响到学生的学习。

四、请你问，请你答

1. 影响你学习成绩的因素是什么？
2. 学业成绩差如何影响了你对自我的认知和肯定？

3. 你对别人对你的评价产生怎样的反应和情绪状态？

4. 全班交流，就以下事例发表自己的看法：

小李是一名高一的学生。在初中时，尽管父母很少顾及他的学习情况，但他的成绩在班级里总是名列前茅。上了高中以后，他的学习成绩处在中等水平，对此他感到压力很大。平时他学习非常用功，看书、做作业经常做到很晚，电视也很少看，文体活动也很少参加（体育课除外）。高一第二学期的期中考试，他又没有考出自己所期望的成绩，他感到失望、自卑，晚上甚至失眠。请你帮小李分析一下他学习成绩下降的原因，并告诉他以后该怎么改进。

五、学习成就归因问卷

如果你的学业成绩不理想，那是因为什么？以下列举了一些可能的原因，如果符合你的情况，就请在题号前的方框内打"√"表示出来，数量不限。

☐1. 家中无人辅导疑难作业。

☐2. 生性懒散，不够积极。

☐3. 学习的科目过于枯燥。

☐4. 不懂有效的读书方法。

☐5. 本身情绪欠稳定。

☐6. 家里环境嘈杂，无法自修。

☐7. 屡次失败，心灰意冷。

☐8. 课业过于难。

☐9. 生活没有规律。

☐ 10. 缺乏恒心与毅力。

☐ 11. 父母不过问成绩，缺乏鼓励。

☐ 12. 过去疑难课业一直未能解决。

☐ 13. 班级学习风气欠佳。

☐ 14. 不能妥善安排读书时间。

☐ 15. 身体虚弱多病，无法专心读书。

☐ 16. 没有预习、复习的习惯。

☐ 17. 学校令人讨厌。

☐ 18. 老师的教学方法不适合自己的需要。

☐ 19. 有问题不敢发问或向同学请教。

☐ 20. 父母失和，家庭气氛不安宁。

☐ 21. 认为读书毫无价值。

☐ 22. 运气不好，读的书常没考到。

☐ 23. 老师的要求太高。

☐ 24. 本身能力不够。

☐ 25. 兄弟姐妹常争吵，影响读书情绪。

☐ 26. 上课或做功课时未能集中注意力。

☐ 27. 不喜欢任课教师。

☐ 28. 考试题目太难。

☐ 29. 帮助家务或生计，缺乏自修时间。

☐ 30. 有视力或听力的缺陷。

☐ 31. 本身努力不够。

☐32. 没有家庭教师或参加课外补习。

就你所选的原因当中，请再选出五个最重要的，将它们的题号依照重要的顺序填在下面的格子里（最重要的先写）

☐=☐=☐=☐=☐

评：个人因素：

1. 动机情绪：2、5、10、31

2. 学习态度：17、21、27、22

3. 方法习惯：4、9、14、19、26、16

4. 基础不佳：7、12、24

5. 健康精力：15、30

家庭因素：1、6、11、20、25、20、32

学校因素：3、8、13、18、23、28

附：

名　言

怀着积极的、乐观的、坚信的思想可以使我们精神机能加强；反之，怀疑与缺乏自信的思想可以使它减弱。

第三节 敢于说"不"

说"不"并不是一件容易的事,请看下面几个发生在中学生身上的真实案例:

案例一:刘汇是一名高一女生,有一男生过生日,说大家去饭店聚一次,刘汇家境一般,打心眼里不想去,可其他女生都出钱了,不随显得没面子。可去吧,又实在觉得对不起父母。犹豫再三,还是去了。聚会上,看见别人有说有笑,刘汇心情沉重。

案例二:星期六放学后,刘某这个"电子游戏迷"找王洋做个伴儿,一起去玩一玩。王洋觉得不去吧,怕面子上过不去,得罪刘某;去吧,自己压根就不喜欢,去那儿不是受罪吗?犹豫再三,王洋还是不情愿地跟着刘某进了游戏厅,闷闷不乐地在游戏里熬了两三个小时。结果回家挨了父亲好一顿训斥。

案例三:王某的表弟与同学闹矛盾,挨了同学几拳,心里不平,来找表哥。王某于是找几个"铁哥们",找准时机去找打他表弟的同学。由于人多,情绪失控,结果出了人命,王某因此被判无期徒刑。

案例四:王某(男)与李某(女)是同学。王某一手好字,学习成绩优秀,有较强的组织能力,在同学中很有威望。李某(女)学习成绩倒数,外向开朗,有较强的叛逆性,在社会结交了一些不三不四的朋友。李某开始追求王某，王某满心的不愿意，但当李某找他时，他不会拒绝，被动地陪着应酬着。最后王某学习成绩下降，高考落榜。

拒绝是一种权利，就像生存是一种权利。古人说，有所不为才能有所为。这个"不为"，就是拒绝。人们常常以为拒绝是一种迫不得已的防卫，殊不知它更是一种主动的选择。

一、对于中学生来讲，一般说来下列情况应考虑拒绝：

1. 违背自己做人的准则；

2. 不符合自己的兴趣爱好；

3. 违背自己的价值观念；

4. 可能陷入关系网；

5. 有损自己的人格；

6. 助长虚荣心；

7. 庸俗的交易；

8. 违法犯罪的行为。

二、拒绝的原则

首先，你要对自己提个问题，来确定自己究竟遇到了什么事，这件事如果做了，是否会导致不健康、不诚实，违背父母、老师的要求，违背自己的意愿，甚至违法。确定了别人的要求是不合理的，会产生不好的后果，就应该对向你提要求的人说："不"。

拒绝应坚持以下三条原则：

1. 及早拒绝，以免伤害对方；

2. 坚决拒绝，避免迂回曲折；

3. 让对方明白，此次拒绝，尚有下次机会。

三、学会拒绝

（一）以和蔼的态度拒绝

必须以和蔼的面貌和态度待之，抱着使对方产生好感的态度，诚恳地应对。

不要在他人开口要求时即予以断然拒绝，这是非常不礼貌的，也是没有修养的表现，不要让拒绝成为一种机械性的反应。对他人的请求迅速采取反驳的态度，或流露出不快的神色，或坚持完全不妥协的态度，或忽略、藐视对方，都是不妥当的。

（二）应明确地说出事实

拒绝的态度应温和，但是必须明确地告诉对方事实，模棱两可的说法会使对方怀有希望，易引起误会。本来难以启齿的事，"直来直去""开诚公布"才是最好的办法。

（三）不要伤害对方的自尊心

只要你能表示尊重对方立场，率直地讲出自己的难处，相信对方也是会谅解的。

（四）用友情来说服对方

这个办法是：用真心诚意的态度、言词去说服、打动对方。为了达到这一目的，最好尝试运用以下原则：

要让对方赞同自己的意见，必须让对方确认自己是他的忠实友人；

不要强迫对方接受自己的意见，必须以温和的方式循序渐进，否则会使对方内心产生抗拒，更加不予妥协；

要让对方感觉到你是最关心他的人，否则他是不会轻易认同你的看法和见解的。

（五）给对方留一个退路

有些人喜欢自以为是，坚持自己的意见，总以为只有自己的想法是最高明的，当你遇到这种人，并想拒绝他的要求时，一定要先好好考虑一番。

首先，你必须自始至终、耐心地把对方的话仔细地听一遍，当你完全听完对方的话后，心里应该有了最巧妙，而又不使对方难堪的打算。

四、拒绝常用的方法

1. 谢绝法：对不起，谢谢，这样做可能不合适。

2. 婉拒法：哦，是这样，可是我还没有想好，考虑一下再说吧。

3. 不卑不亢法：哦，我明白了，可是你最好找对这件事更感兴趣的人吧，好吗？

4. 幽默法：啊！对不起，今天我还有事，只好当逃兵了。

5. 无言法：运用摆手、摇头、耸肩、转身等身体语言或否定的表情来表示自己拒绝的态度。

6. 缓冲法：喔，我再和朋友商量一下，你也再想想，过几天再决定好吗？

7. 回避法：今天咱们先不谈这个，还是说说你关心的另一件事吧……

8. 严词拒绝法：这可不行，我已经想好了，你不用再费口舌了。

9. 补偿法：真对不起，这件事我实在爱莫能助了，不过我可以帮你做另一件事！

10. 借力法：你问问他，他可以作证，我从来干不了这件事。

11. 自护法：你为我想想，我怎么能去做没有把握的事？你让我出洋相啊。

学会拒绝的艺术，既可减少许多心理上的紧张和压力，又可使自己表现出人格的独特性，也不致使自己在人际交往中陷于被动，生活就会变得轻松、潇洒些。

附：

拒　　绝

如果第一次没有拒绝了的事情，第二次则更不容易拒绝；如果第二次还想拒绝的事情，最好在第一次就坚持拒绝。

不能拒绝诱惑，则很难拒绝灾难。如果心是门槛，诱惑是前脚，灾难便是后脚。

拒绝别人，不可不忍，被别人拒绝，不可不忘。

如果你要拒绝，就不要再让人心存奢望，因为一次是拒绝，十次也是拒绝；如果你被别人拒绝，也不要心存芥蒂，因为你也曾拒绝过别人。

只要理由正当，欣然允诺和坦率拒绝，都是没有任何理由被指责的。

拒绝别人一定要委婉，因为没有人喜欢被拒绝；被别人拒绝一定要大度，因为拒绝你的人总有他的理由。

第三章 消除负能量

没有人是从未被拒绝过的。即使貌美娇艳的爱芙姬瑟达,也遭到了斯巴达思的拒绝;即使权倾朝野的曹操,也遭到了徐庶的拒绝。世事如此,你是没有多少理由为遭到别人拒绝而沮丧的。

一般说来,拒绝你的要求的人,言语和内心是一致的;接受你的要求的人,言语和内心有时却不一定那么一致。

因此,需要提醒自己的是:不要做强人所难的事。

一味地顺从,会失去自我;一味地拒绝,会失去朋友。

就人生而言,一方面应该懂得有容乃大,另一方面也应该明晓不能是来者不拒。

人与人之间,允诺和拒绝的事情是经常发生的。我对待朋友:允诺绝对大于拒绝;朋友对待我:可以拒绝大于允诺。

——摘自《汪国真诗集》

第四章

培育正能量

所谓的正即是正面、是积极。能够在生活中拥有积极向上的心态,能够乐观地向着自己的目标源源不断地努力,要有意识地培育面对世界的正能量,提升生活的质量,让幸福有动力。

第一节 培养健康情绪，践行快乐计划

一、培养健康情绪

情绪是人类最复杂的心理过程之一，它是人们对客观世界的一种特殊反映形式，是人对客观事物是否符合或满足自己的需要而产生的一种态度体验。

需要是情绪产生的基础和源泉。有了需要才有情绪，人的需要得到满足就产生肯定性质的体验，如：喜悦、满意、振奋等积极的情绪；如需要得不到满足就产生否定性质的体验，如：失望、悲伤、痛苦等消极的情绪。

年幼的儿童情绪比较简单，常常用哭、笑来表达，随着年龄的增长，人们的情绪也逐渐复杂起来，进入青少年期，人的感情世界变得十分丰富，不仅仅有喜、怒、哀、乐之分，还会有忧愁、苦闷、绝望之别，情绪是认识的结果，是大脑的产物。

那么，如何培育健康的情绪呢？

首先是对自己和他人的期望值不宜太高。有些人对自己的要求过分苛刻，

把奋斗目标定得过高，一旦不能达到，就垂头丧气，终日郁郁寡欢；有些人对他人的期望过高，希望别人按自己的意图做事，当别人不能达到要求时就大失所望责怪他人，搞得自己和他人情绪都不佳。

其次，乐意帮助别人。帮助别人可以确定自己存在的价值，获得珍贵的友谊，能使自己心境愉快，甚至使自己忘却烦恼。

最重要的是要学会情绪的自我调节。

青少年应理智调节情绪，经常保持清醒的头脑，用理智来主动自如地控制、支配自己的情绪，不做情绪的奴隶，而做情绪的主人。遇到情绪波动时，应该考虑自己的情绪反应是否合理和适度，借以培养对情绪刺激的容忍度，这有助于控制调节情绪。

自我调节消极情绪的方法：

1. 自我激励法

用哲理、格言等来宽慰自己，一个人应该用思想来控制自我的情绪。如：多看《名人名言录》《美学》《人际关系学》等书籍，用知识武装自己的头脑，提高思想素质，用思想来调节不良情绪。

2. 合理宣泄法

用适度的超常规的行为来发泄，缓解情绪。情绪是一种能量，一旦产生不良的情绪需要及时释放，可以在场合允许的条件下痛哭一场。心理学家说"心情不好时流出的眼泪，要比受刺激物的刺激流出的眼泪的成分复杂得多"。也可以大吼几声、找可依赖的长辈、伙伴来倾诉。在马上找不到人倾诉时，就将自己的记恨和怨气写下来，这样做也有利于你平静情绪。如有一次，有位议员当众羞辱了美国前总统林肯，他回家后，气得饭也吃不下。于是摊开信纸，给

第四章 培育正能量

那位议员写了一封长信,用非常尖利的语言将对方骂了个狗血喷头,然后美滋滋地上床睡大觉。第二天一早,林肯部下要替他把信发出,他却将信撕了。部下不解,林肯笑着解释:"我在写信过程中已经出了气,何必把它寄出去?"

3.心理位移法

我们心情的不同往往不是由事物本身引起的,而是取决于我们看待事物的不同方式。生活的快乐,由个人对人、事、物的看法来决定,因为生活是由思想造成的。我们对事情的结果看法不同就会产生不同的结果。

附:

把敌人变成人

1944年冬天,两万德国战俘排成纵队,从莫斯科大街上穿过。所有的马路都挤满了人。苏军士兵和警察警戒在战俘和围观者之间,围观者大部分是妇女。她们当中的每一个人,都是战争的受害者。她们的父亲,或是丈夫,或是兄弟,或是儿子,都被德军杀死了。妇女们怀着满腔仇恨,朝着大队俘虏即将走来的方向望着。当俘虏们出现时,妇女们把一双双勤劳的手攥成了拳头。士兵和警察们竭尽全力阻挡着她们,生怕她们控制不住自己的冲动。

这时,一位上了年纪的妇女,穿着一双战争年代的破旧长筒靴,把手搭在一个警察肩上,要求让她走近俘虏。她到了俘虏身边,从怀里掏出一个用印花布包裹的东西,里面是一块黑面包。她不好意思地把这块黑面包塞到一个疲惫不堪的,两条腿勉强支撑得住的俘虏的衣袋里。于是,整个气氛改变了,妇女们从四面八方一齐拥向俘虏,把面包、香烟等各种东西塞给这些战俘。

这是叶夫图申科在《提前撰写的自传》中讲的一则故事。在这个故事的结尾叶夫图申科写了这样两句话："这些人已经不是敌人了，这些人已经是人了……"

这两句话十分关键，它道出了人类面对世界时所能表现出的最伟大的善良和最伟大的生命关怀。当这些人手持武器出现在战场时，他们是敌人，可当他们解除了武装出现在街道上时，他们是跟所有别的人们，跟"我们"和"自己"一样具有共同外形和共同人性的人。当"我们"在自己的内心主动地将他们的身份做了这样的转换以后，和平、友爱、宽容、尊严等等才立刻具有了可能性。如果死死咬定某个原则，所谓人间和平就连理论上的可能性都没有，更别说实践上的努力了，一个人有没有丰富的人性，是不是具有超越仇恨和敌意的心理力量，在这里就可以见出分晓。

苏联老百姓可以在大街上把敌人转化为人，给予友爱和关怀，却也有人在宫廷里把他的同僚一个个转化成敌人，一个个杀害了；还有许多善良而高贵的知识分子，以及善良而无辜的富农，都被当作为敌人杀掉了，其他民族也有许多类似的故事。无数的冤魂，在地狱深处睁着寻找正义的眼睛，逼得人们永远心神不宁。

究竟是把敌人变成人，还是把人变成敌人，这里体现了人类灵魂走向的两种可能性。一种走向通往天使，一种走向通往魔鬼。人类真是一个极其奇怪的群体，他们高贵的时候那么高贵，凶狠下流的时候竟然那么不讲道理。

第四章　培育正能量

4.培养兴趣法

心理学家发现，兴趣多样，有合理的活动爱好，既有助于个性的全面发展，又可以减少精神的紧张，并适当消除多余的能量，这样就可以使消极失去得以滋生的内部条件。

5.理性控制法

附：

控制心灵的火山

日本有一则古老的传说，一个好斗的武士向一个老禅师询问天堂与地狱的意义。老禅师轻蔑地说："你不过是个粗鄙的人，我没有时间跟你这种人论道。"武士恼羞成怒，拔剑大吼："老头无礼，看我一剑杀死你。"禅师缓缓道："这就是地狱。"武士恍然大悟，心平气和、纳剑入鞘，鞠躬感谢禅师的指点。禅师道："这就是天堂。"

二、践行快乐计划

卡耐基说："人性中最可怕的一件事就是，我们所有的人，都拖延着不去生活，我们都梦想着天边的一座奇妙的玫瑰园，而不去欣赏今天就开放在我们窗口的玫瑰。"

每个人都能做他那一天的工作，每一个人都能很甜美，很有耐心，很可爱，很纯洁地活到太阳下山，而这就是生命的真谛。

生命就在生活中，就在每一天和每一个时刻里，把握今天，变之为自己的一天。"不管明天会如何糟糕，但我已过了今天。"

我们今天来探讨一下，如何渡过今天。

1. 只为今天，我要很快乐。如林肯所说："大部分的人只要下定决心都能很快乐。"这句话是对的，那么快乐来自内心，而不来自外在。

附：

快乐的人没有衬衫

　　古代有一个皇帝，集权力与金钱于一身，主宰着生杀大权，但他自己每天过得很不愉快，十分烦恼，请遍全国名医，均无计可施。后有一位名医说："若能穿上'从来没有烦恼的人'的衬衫，就会快乐了"。群臣到处寻找，但没有找到"从来没有烦恼的人"。一日，一大臣见乞丐很是快乐，问他是否有过烦恼，答曰："从来没有。"大臣很高兴，立即要花重金买乞丐的衬衫，乞丐却说他从来没穿过衬衫。

母亲的担忧

　　有一位母亲，她有两个儿子。大儿子卖伞，二儿子卖盐。母亲整日心情焦虑。晴天，她担心大儿子的伞卖不出去；雨天，她愁二儿子的盐不能晒。后来，有位智者指点她换种思考方法：晴天，想二儿子的盐卖得好；雨天，大儿子的伞生意不错。果然，这位母亲的心情豁然开朗。

我们内心的平静和我们由生活所得到的快乐，并不在于我们在哪里，我们有什么，或者我们是什么人，而只在于我们的心境如何。

2.只为今天,我要自己适应一切,而不去试着调整一切来适应我的欲望。

在许多情况下,我们只有改变自己去适应环境才是唯一的出路。一般来说,在如下的条件下,我们应该改变自身,去适应环境。

(1)我们无法改变环境,无法回避现实。

如:分配到一个与理想相差甚远的单位。

(2)改变自己对今后有好处。

如:性格不合群、不承受挫折、意志力薄弱。

(3)当挫折和困难已经成为既成事实了,我们无法改变。

如果我们遇到困难和挫折时,把希望寄托在改变环境上,总想让环境适应我们自身,是不能解决问题的。应检讨自己,去发现自身的弱点,努力去完善自己,改变自己,使自己具有解决问题的能力。

3.只为今天,我要爱护我的身体,我要多参加运动,善于照顾、善于珍惜;不损伤它,不忽视它,使它成为我争取成功的最好基础与条件。

4.只为今天,我要加强我的思想,我要学一些有用的东西,我不要做一个胡思乱想的人。我要看一些需要思考、更需要集中精神才能看的书。

5.只为今天,我要用三件事来锻炼我的灵魂。我要为别人做一件好事,但不要让人家知道;我还要做两件超过我能力的有益的事,只是为了锻炼。

6.只为今天,我要做个讨人喜欢的人,外表要尽量修饰,衣着要尽量得体,说话低声,行为优雅,丝毫不在乎别人的毁誉。

7.只为今天,我要试着只考虑怎么度过今天,而不把我一生的问题都在一次解决。

8. 只为今天，我要订下一个计划，我要写下每个小时该做些什么事；也许我不会完全照着做，但还是要订下这个计划；这样至少可以免除两种缺点——过分仓促和犹豫不决。

9. 只为今天，我要为自己留下安静的半个小时，轻松一番，在这个半个小时里，我要想到成功，使生命充满希望。

10. 只为今天，我要心中毫无惧怕。从今天起，我要尝试做一些令自己害怕的事。只要这样，畏惧就可以除掉，坐在那里发呆，你就永远不会培养出勇气。勇气无论如何不可能用钱买到，勇气的培养基于勇气的运用。不管这个人站起来说话犯了什么错误，就算他怕得只说出半句话，这个人都应该值得祝贺，因为他做了一千个人之中才有一个人有勇气做的事——改变全世界最重要的一个人——这个人就是自己。

总之，大家不要在悔恨昨天，恐惧明天的过程中度过今天。要过好每一天，积累充实的昨天，创造辉煌的明天。

附：

《快乐生活十忌》

1. 忌欲望无边，人心不足蛇吞象。
2. 忌鼠目寸光，得乐且乐无规则。
3. 忌自卑自贱，缺乏必要的信心。
4. 忌时刻想得到别人的赞许与表扬。
5. 忌缺乏有益的爱好。
6. 忌缺乏弹性性格。

7. 忌常常懊悔自己做过的事。

8. 忌永不承认失败和缺陷。

9. 忌嫉妒心过强。

10. 忌过多依赖别人，自助者天助。

第二节 确立目标

目标是人生的着力点，没有目标的人生，往往会产生悠悠荡荡的空虚感，而有目标的人生则充满了能量和动力。

一、有关目标的故事

（一）桥的梦

少年时代的茅以升一次因发烧未去文德桥看龙舟比赛，可就在那次，文德桥被挤塌了，不少人被淹死了。茅以升马上想到，长大后一定要给大家建造又牢固又美观的大桥，让大家放心地在上面看龙舟比赛。从此，他就迷上了各种各样的桥，平时见到有关桥的文字或插图，都收集起来。就这样，他认真学习，考取了清华学堂的留美公派研究生，并毫不犹豫地选择了桥梁专业。毕业后，经过极其艰苦的努力，终于在1937年9月建成了令国人骄傲、使外国人信服的钱塘江大桥。这是我国自建的第一座铁路公路两用双层桥，茅以升的少年壮志终于实现了。

（二）溺行毛虫

法国科学家法伯曾利用毛虫做过一次不寻常的实验。这些毛虫盲目地跟着前面的毛虫走，所以又叫溺行毛虫。法伯很小心地安排它们在花瓶边缘，走成一个圆圈。花瓶旁边放了一些松针，这是毛虫喜欢的食物。毛虫开始绕着花瓶行走，一圈一圈，一连七天七夜，不会选择自己的目标。毛虫的悲剧告诉了我们什么呢？人活着要有自己的奋斗目标，否则就会碌碌无为地老去。

二、理论分析

目标是某种你想要获得的东西，为实现目标，人要制订计划并付出努力。

法国细菌专家巴斯德在 18 岁时就科学地阐述了立志、工作、成功三者的关系。他说："立志是一件很重要的事情。工作随着志向走，成功随着工作走，这是一定的规律。立志是事业的大门，工作是登堂入室的旅程，这旅程的尽头就有个成功在等待着，来庆祝你的努力结果。"他所讲的立志就是要确立目标。当然，我们学生还未面临工作，但学习也是随着目标走的。确立明确的目标，可以帮助我们掌握自己的生活，能够使我们成功、健康地成长。

长远的目标往往要靠一个个近期的目标来逐渐实现。在实现长远目标的过程中，可以有不同的策略。如，先实现近期的目标，再实现长远的目标；先实现主要目标，再实现次要目标；也可以先实现次要目标，准备条件，再集中力量实现主要的目标，等等。

确立目标是成才的必要条件，但是有了目标并不等于成长。只有目标，不在困难中磨炼，就只能是志大才疏。

三、"漫游"实验

1. 请同学们闭上眼睛，放松情绪，跟着教师做一次"漫游"。

2. 教师要平稳、低沉、缓慢语调引导：

"我们现在走向未来，大家在自己的生活道路上前进，并且看到了一些你向往的事情变成现实。"

"现在的时间是5年之后，你看到5年之后的自己。你在做什么？"（1~2分钟停顿）

"我们继续前进，又到了另一个时间，这已经是10年之后，这时你又在哪里？正做什么？已经工作了吗？从事什么职业？"（1~2分钟停整顿）

"再往前进，我们看到15年后的自己，大家从事什么工作？有没有取得成绩？身体是否健康？有没有实现年轻时的向往？"（1~2分钟停顿）

现在，大家睁开眼睛，回到现实。

四、学生参与

请几位同学自告奋勇参加全班交流。

1. 你对自己的未来设想是什么？向全班同学表述自己的近期目标和长远目标。（5年之后、10年之后、15年之后，你分别在做什么？）

2. 为了实现你的最终目标，你认为必须实现的具体目标有哪些?

3. 为实现你的目标，有哪些困难障碍需要克服?

4. 为完成目标，你需要教师、家长为你提供哪些帮助和支持?

五、总结

1. 阐明长远目标与近期目标的关系，并强调只有付出努力才能实现最终目标；

2. 指导学生制订日计划、周计划、月计划、学期计划。

第三节　乐观生活

美国心理学家马丁·塞利格曼研究得出：人的解释形态会对人一生的发展产生巨大的影响，他还引导人们努力通过改变自己的解释形态来改变自己的命运。他的著作在美国非常有影响。我国学者洪兰将他的著作译为《学习乐观》。学习后，对我们的触动非常大。根据读后的粗浅理解，介绍一些内容给学生，以引起学生对自我的思考与改进。

一、艾利斯适应性理论——ABC理论

ABC 是三个英文单词的字首。A 是指诱发性事件（Activating Events）；B 是指个体在遇到诱发性事件之后相应产生的信念（Belief System)，即他对这一事件的想法、解释、评价；C 是由 B 引起的情绪和行为结果（Consequeces)。通常，人们认为，是某个诱发性事件引起了人的情绪和行为反应，即 A—C；但是，

ABC 理论认为诱发性事件只是情绪和行为反应的间接原因，对此事件所持的信念、解释、评价才是情绪及行为反应的直接原因，即 A—B—C。

举例 1：甲学生英语考了 90 分，却泪流满面，心情十分难过；乙学生英语考了 60 分，却高兴得手舞足蹈。

分析：由于他们所持的不同信念、看法、解释引起的。

举例 2：两只猴子的实验

科学家做过这样一个实验：把两只猴子分别固定在铁架上，然后每隔 20 秒钟给一次不会致死但能引起痛苦的电击。其中一只猴子一直保持高度警觉，可以按动放在它前面的一只开关以防电击。经过 23 天，那只保持高度警觉的猴子死了，解剖发现它并非死于电击，而是死于消化系统严重溃疡，而那只只听天由命接受电击的猴子则存活下来了。

分析：

A. 诱发性事件：电击

B. 想法、解释、评价：一只猴子，听天由命，无所谓；另一只猴子，焦虑、紧张、恐惧、不吃、不喝、不睡。

C. 是由 B 引起的情绪和行为的结果：一只猴子，安然无恙；另一只猴子，死于胃溃疡。

结论：

1. 任何外界刺激必须通过生物个体的内心因素才能起作用。

2. 一个人因发生事情所受到的伤害不如他对所发生事情的看法来得深。

二、不合理信念的三个特征

1. 绝对化要求：指人们从自己的意愿出发，认为某些事情一定会按自己的意愿发生或不发生，以"应该""必须"这类语言形式出现。

2. 过分概括化：是一种以偏概全、只及一点、不及其余的思维方式。

3. 糟糕至极：这种信念之所以不合理，是因为对任何一件事情来说，都可能有比之更坏的事情发生，没有任何一件事情可以定为百分之百的糟透。我们将努力去接受现实，在可能的情况下去改变这种状况，但在不可能时，则要学会在这种情况下生活下去。

三、探索解释形态

解释形态指的是，解释生活事件的习惯方式。人们探求因果关系，都有一个固定的形态，而且会把这个习惯自然地应用到真实事件中。不同的解释方式往往引领我们走向不同的生命形态。有人习惯戴着灰色眼镜看世界，有人则努力让自己看向光明。无助感和悲观是学习得来的，希望与乐观同样可以借由学习而养成，关键就在于改变对事件的解释方式。

如果我们习惯将身边的不如意当作是永久性和普遍性的事件，生命将笼罩在晦暗无光的忧郁之中；让想法转个弯，相信生命充满"可能性"，杜绝"不可能会有转机"的悲观信念，你会走出阴霾，发现另一片明亮的天空。

解释形态很早就定形，我们在八岁左右的孩子身上就开始看到这个形态定型。假如你的孩子在小学三年级时对这个世界就已经有一个乐观或悲观的看法，而你知道这个看法对他的前途、健康和成功是非常重要的，你可能会想知道他

第四章 培育正能量

这个看法是怎么来的，你有没有什么方法去改变它。

解释形态对成人生活的影响非常大，它可以使每一个挫折都引发沮丧，也可以使人在悲剧发生后立刻振作起来。它可以使一个人对生活的乐趣麻痹，也可以使一个人充分享受人生；它可以阻止一个人达到他的目标，也可以使一个人超越他的目标。一个人的解释形态会影响别人对他的看法，使别人变成他的同志或他的敌人，而且它会影响人的身体健康。

（一）解释形态的来源

成长环境影响孩子解释形态的形成，其次是孩子生命中的危机，再者就是大人的批评。

当你的孩子做错事时，你对他说什么？他的老师又对他说什么？注意，孩子聆听的不只是谈话的内容，同时也听谈话的形式。我们要注意的，不止是对他们说什么，还包括怎么说，这点在批评上尤其重要，孩子相信这些人的批评，而且用它形成解释形态。

让我们来看一下一个小学三年级的教室，就像世界知名的情绪发展专家德威克那样来观察。德威克的研究显示了乐观是如何发展的，或许它可以告诉我们女性的童年发生了什么事，使得她们比男性更容易得忧郁症。

一旦你熟悉了小朋友，而小朋友也熟悉了你，开始把你当作教室的一景之后，你发现的第一件事就是男孩子和女孩子的举止是完全不同的。女孩子安静地坐着，手放在膝上，注意听老师讲话，当她们讲话时也只是悄声耳语或窃笑，基本上都很守规矩。男孩子就不是如此了，他们就是勉强安静地坐着都忍不住要扭来扭去，更何况他们很少愿意安静坐着。他们看起来都没有在听讲，也不像女孩子那样守规矩，当他们吵闹时，他们大声喊叫，互相追逐。

全班安静下来，做学习测验。老师对做不好的同学怎么说呢？当一个三年级的小朋友考试不及格时，他的老师会对他怎么说呢？

假如是男孩子考不及格，老师一般说："你上课都不注意听""你没有尽力""我在教分数时，你在东张西望、吵吵闹闹"。对于不注意、不努力或吵闹的解释是什么呢？男孩子对于他们在学校功课表现不佳所听到的解释是暂时的、特定的、非普遍性的，因为你可以改变，你要多努力，多注意以及不再吵闹。

德威克的研究显示，女孩子听到的就是非常不同的责骂了。因为她们没有吵闹，看起来都很注意听课，老师不能以这些理由来责骂她们。老师一般的说法都是："你对数学很不行""你交来的作业总是写得乱七八糟""你从来不验算你的答案"。大部分的暂时性原因，如不注意、不努力、不守规矩都被排除在外了，因此女性留下的都是永久性及普遍性的批评。她们如何能把她们三年级的经验提炼分离出来呢？

德威克给四年级的女生一个无解的难题，然后检验她们对于失败的解释。

她们要去把 ZOLT、IEOF、MQPE 等重新组合成有意义的英文词。每一个人都非常努力去试各种组合方式，不过在她们试完各种可能的组合之前，实验者就宣布说"时间到"。

女孩子们的回答是"我对字谜游戏不太行"，以及"我想我不太聪明"。

但是同样做这个实验的男孩的回答的却是"我没很注意去解它""我没很尽力去解""谁在乎你这个烂字谜游戏"。

在这个实验里，女孩子对失败给的是永久性和普遍性的解释，而男孩子给的却是比较有希望的解释形态——暂时性、特殊性以及可以改变的理由。这里我们看到的是对你孩子解释形态的第二个影响力——大人对小孩失败的批评。

第四章 培育正能量

孩子还是一样注意地聆听,假如他听到的是永久性的、普遍性的——"你很笨""你不行"——这样的话会深入孩子对自己的看法里。假如他听到的是暂时性的、特殊性的——"你没有尽力""这个游戏是六年级程度的"——他会把问题看成是可以解释的,是局部性的。

(二)解释形态对学业成就的影响

很多孩子的功课不好,心情沮丧,其基本的问题就是悲观。当一个小孩子认为他无能为力时,他说不再尝试努力了,他的成绩就会退步。

这个理论很明白地预测:在教室中和运动场上,聪明的人不一定就是成功的人,成功属于有足够聪明智慧,而且也乐观的人。

这个预测正确吗?

我最近看到一个个案,有一个就读小学的男生,叫作艾伦。在他九岁的时候,他属于心理学家所称的"ω 小孩",什么事情都是最后一个。他很害羞,眼手的配合不好,在选拔足球队队员时,他总是最后一个被选上。但是他异常聪明,而且很有艺术天分,他的画是美术老师在所有小学中所见画的最好的。在艾伦十岁时,他父母离婚了,艾伦陷入沮丧的状态。他的成绩一落千丈,不开口说话,也不再画画了。

他的美术老师不愿意放弃他,想尽办法使艾伦说话。他发现艾伦认为自己很笨,是个失败者,没有男子气概,而且认为父母的离婚是他的错。他的老师很耐心地让艾伦知道他这些结论都是错的,引导他对自己做一个比较正确的评估。后来艾伦知道他自己并不愚笨,他其实在很多方面是很成功的;他现在知道男孩子在眼手的配合上比女孩子成熟得晚,而且因为他运动不好,他能有这种表现才更值得敬佩。艾伦的老师认识他的父母,所以能够指点艾伦,他让艾伦明白父母的离婚跟他没有关系。

事实上，这位老师帮助艾伦改变了他的解释形态，几个月以后，艾伦不但在学业上进步了很多，在运动上也进步很多，以他的热忱和精神来弥补技能上的不足。他不再是个"ω 小孩"，他正朝着"α 少年"的路上走去。

当你的孩子在学校表现不好时，老师或家长很容易做出错误的判断，认为这个孩子是不够聪明甚至愚笨。你的孩子很可能很沮丧，而且这个沮丧的状态会使他不尽力去试，使他坚持不下去，使他不敢冒险达到他潜能的上限。更糟的是，假如你认为愚笨或没有才能是他做不好的原因的话，你孩子会把你的想法纳入他对自己的看法里面去；他的解释会越变越糟，而他的坏成绩慢慢就变成了一个习惯。

做父母很重要的一点是要能认识到你的孩子，一旦陷入悲观解释形态这个恶性循环中，要学习去打破这个循环。

四、两种改变悲观解释形态的方法

第一，是想办法转移你的注意力，去想些别的事。

第二，是去反驳它。反驳自己的负面思想是每一个孩子都可以学会的一个终生技术。越早学会这种技术，越能躲避不必要的烦恼和忧愁。它会像良好卫生习惯和风度一样，变成一个基本的人格特质，它本身就带给你很多回报，使得这么做成为一个自然的行为，而不是一个负担。

第四章 培育正能量

🌐 附：

练 习

1. 根据情境补充 ABC

（1）A 一个人抢先停进我正要去停的停车位。

　　　B 你想 _____。

　　　C 你生气了，摇下车窗，对那个人破口大骂。

（2）A 你骂你的孩子，因为他们没有做功课。

　　　B 你想"我是个很差劲的母亲"。

　　　C 你觉得（或你做了）_____。

（3）A 你最好的朋友没有回你的电话。

　　　B 你想 _____。

　　　C 你整天心情低落。

（4）A 你最好的朋友没有回你的电话

　　　B 你想 _____。

　　　C 你不为此事觉得不快，继续过你今天的日子。

（5）A 你跟你的配偶吵架。

　　　B 你想"我总是做不好"。

　　　C 你觉得（或你做了）_____。

（6）A 你跟你的配偶吵架。

　　　B 你想"他今天脾气真坏"。

　　　C 你觉得（或你做了）_____。

（7）A 你跟你的配偶吵架。

B 你想"我一向可以化解误会"。

C 你觉得（或你做了）＿＿＿＿。

现在让我们来看以上这七个情境中，这些元素如何相互影响作用。

在第一个例子中，受侵犯的思想使你愤怒，"那个家伙抢了我的位子""这真是个既自私又粗鲁的行为"。

在第二个例子中，当你把你对孩子的态度解释成"我是个差劲的母亲"时，你会觉得悲哀，不想再去教他们做功课。当我们把一个不快的事情解释成永久性、普遍性的想法的话，那你就会沮丧；但是假如你像第四个例子那样，你会想"她这两天加班"或是"她最近心情不好"，你的解释形态会是暂时性、特定性以及外在化的，所以你就不会心情不好了。

假如你像是第五个例子"我总是做不对，什么事都做不好？"那样想，你就会沮丧，不会想办法去弥补裂痕。假如你是像第六个例子，你想"他今天脾气真坏"，你会觉得有些愤怒，有些颓丧，但是这只是暂时性的，当你心情不愤怒时，你可能会去做一些弥补的工作。假如你像第七个例子，你想"我一向可以化解误会"，你可能马上去和好，很快你就会觉得心情愉快，充满了精力。

2. 你的反驳记录

现在你要练习 ABCDE 模式，你已经知道 ABC 代表了什么了，D 是反驳（Disputation) 的意思，E 是激励（Energization) 的意思。

在下面你要记录的五个不愉快事件中，仔细听你自己的念头想法，观察这个想法带来的后果，再猛烈地攻击你的想法，然后观察自己成功地处理悲观的念头所获得的激励，把这些都记录下来。这五件不愉快事件可以是很微不足道的事：邮差来晚了，别人没有回你的电话，加油站的人只替你加汽油，没替你洗窗户。在每一个事件中，用四种有效的自我反驳技术。在开始前，先读一下这些例子。

举例：不愉快事件： 我向朋友借了一副昂贵的耳环去约会，结果丢掉一只。

念头： 我真是个不负责任的人，这是她最心爱的耳环，我偏偏搞丢了一只，她一定会气死，以后不理我了。假如我是她，我也会气死，我简直不能相信自己怎么会这么差劲。假如她说从今以后不要与我有任何瓜葛的话，我也不会吃惊。

后果： 我觉得非常难过，感到羞耻、难堪，我不敢打电话告诉她这件事，我只是坐在那里，骂自己笨，想办法鼓起勇气去打电话。

反驳： 唉！真是很不幸，我丢掉了她心爱的耳环，她可能会非常失望而且恨我。不过因为我丢掉了一只耳环就说自己是不负责任的人也是不公平的。

激励： 我还是觉得很难过，弄丢了别人的耳环。但是我没有像以前那样觉得见不得人，很羞耻，我想她不会因此而与我绝交，所以我可以放松一下心情，拿起电话跟她解释。

现在你来做做看，在下一周的生活中记录下五件事情来，不要特别去找不愉快的事件。当它来临时，特别注意去听你自己说的话。当你听到里面的念头时，反驳它，把它踩扁，不让它再发作，然后记录 ABCDE。

不愉快的事件：_____

_____。

念头：_____

_____。

后果：_____

_____。

第四节 让需要合理化

人类生活中有各种各样的需要，需要是人类生存的必要条件，也是人类发展的基本动力。中学生有哪些合理需要及如何满足合理需要呢？

在生活中我们渴了需要喝水、冷了需要穿衣、受委屈了需要安慰、生病了需要医治、饿了需要吃饭、过生日需要庆祝、买电脑需要花钱、流浪者需要家……我们还需要信任、温暖、朋友、娱乐等。

一、什么是需要？

需要是人脑对生理和社会需求的反映。

人为了求得个体在社会的生存和发展，必须满足一定的需求。例如：食物、衣物、睡眠、劳动、交往等。这些需求反映在头脑中，就形成了他的需要，需要总是反应有机体内部环境或外部条件的某种要求，它通常以意向、愿望、动机、兴趣等形式表现出来。

二、需要的特征

（一）人的任何需要都指向一定的对象

各种需要彼此的区别只在于需要的对象不同。

例如：我们有爱护他人的需要，也有受人尊重的需要；有求知的需要，也有成功的需要；有安全的需要，也有逃避危险的需要。

（二）需要是个体生存发展的必要条件

满足需要不仅是生存的必要条件，也是发展的必要条件。

研究表明，个体发展的不同阶段，有不同的优势需要，需要的特点也不同。低一级需要满足了，就会产生高一级的需要。

婴儿主要是生理需要，后来才产生安全需要和归属需要，青少年时才产生尊重的需要。

（三）人和动物的需要有本质的区别

动物的需要是以先天的生理需求为条件，以其周围的自然物质作为满足需要的对象。

人不仅有先天的生理需要，在社会实践中，在接受人类文化教育过程中，也发展出许多社会需要。人不是消极地以自然界作为满足需要的对象，而是在改造的过程中创造出满足需要的对象。

（四）每个人的需要系统是独特的

人与人之间有相同的需要，也有不同的需要。由于遗传因素和环境因素的不同，世界上没有两个人的需要系统是完全相同的。

三、需要的分类

（一）生理性需要和社会性需要

1.生理性需要是人脑对生理需求的反应。

如：进食、饮水、休息、睡眠、觉醒、排泄和性等的需要，都是生理性的需要。

2. 社会性需要：

社会性需要是人脑对社会需求的反应。

如：对劳动、交往、求知、美、道德、成就和奉献的需要等等。

社会性需要是由社会要求转化来的，当个人认识达到社会要求的必要性时，社会要求就转化为个人的社会需要。

（二）物质需要和精神需要

1. 物质需要是指对衣、食、住、行的有关物品的需要，对劳动工具、文化用品、科研仪器的需要。物质需要既包括生理性需要，也包括社会性需要。

2. 精神需要是指对知识的需要、交往的需要、认识的需要、美的需要、道德的需要、创造的需要等等，它是人类特有的需要。

精神需要按其内容来说有不同的水平，有高尚的精神需要和低级的精神需要之分。阅读科技和文艺书籍的需要被认为是高级的精神需要，阅读黄色书刊的需要被认为是低级的精神需要。

四、需要的层次及作用

（一）美国心理学家马斯洛的"金字塔需要层次论"

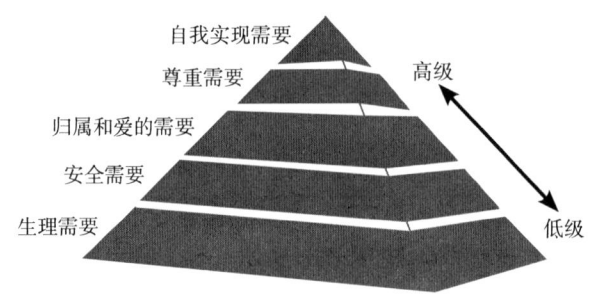

马斯洛认为，人的需要是分层次的，并且分低级需要和高级需要，由低到高呈"金字塔"形。

即：人的需要是依次实现的，较低一级的需要高峰过去之后，较高层次的需要才会起优势作用。高级需要的出现与满足是以低级需要为基础的。高级需要的满足比低级需要的满足的愿望更强烈，高级需要的满足，能够产生极度的幸福感、心理的平衡和丰富多彩的精神生活。

马斯洛认为自我实现者大多是中年人或年长的人，或是心理发展比较成熟的人。在一个人的童年经历中，2岁以内接受的教育特别重要。如果童年失去了安全、爱与尊重，是很难成为自我实现的人的。他认为能够成为自我实现者的人只有少数，绝大多数人只能在爱和归属需要与自尊需要之间的某一个层次上度过一生。

🌐 附：

自我实现者的人格特征

1. 能对现实采取客观态度；

2. 能理解并接受自然、他人以及自己；

3. 自发、单纯和坦率；

4. 以问题为中心，不以自我为中心；

5. 有独处和独立的需要；

6. 自主而不依赖环境；

7. 能欣赏生活，有持续的新鲜感；

8. 经常产生高峰体验；

9. 关心社会，同情、帮助他人；

10. 能发展与他人的深刻关系；

11. 有民主作风，待人平等，虚心学习；

12. 富有哲理和幽默感；

13. 富有创造精神。

（二）需要的作用

1. 需要是个体行为积极性的源泉

为什么说需要是个体行为积极性的源泉？马克思主义认为，正是个体的这种或那种需要，推动着人们在某个方面进行积极活动。马克思和恩格斯指出："……我们首先应当确定一切人类生存的第一个前提，也就是一切历史的第一个前提，这个前提就是：人们为了能'创造历史'，必须能够生活。但是为了生活，首先就需要衣、食、住及其他东西。因此，第一个历史活动就是生产满足这些需要的资料，即生产物质生活本身。"他们又指出："人们通过每一个追求他自己的、自觉期望的目的而创造自己的历史"。可见，正是需要推动着人们在各个方面积极活动，使人朝着一定的方向，追求一定的目标，以求得这种需求的满足。没有需要，也就没有人的一切活动。需要越强烈，由它引起的活动也就越有力。需要永远带有动力性，它不会因为暂时的满足而终止。

如：学习科学文化的需要得到满足，才能去实现欣赏艺术的需要。知道了一元一次方程的解法，更想了解二元一次方程的解法。再如：劳动——生产——消费，产生新的需要后——再生产——再消费。

2. 需要是个性的中心

我们可以用描述人的需要的办法来描述人的个性。

你需要什么就是什么样的人，你爱与人在一起，你就是友好的、爱交际的；你努力工作就是雄心勃勃的、精力旺盛的。

五、如何看待各种需要

1. 充分满足人的需要是个性全面发展的必要条件。

2. 人的需要太容易满足，个性将变得懒惰而贪婪。

人的需要过分容易得到满足，就会发展成为一种寄生的需要，个性变得懒惰而贪婪。

3. 劳动应该是人生的第一需要。

谋生需要发挥聪明才智，这样才能体验快乐和幸福，从而培养个体的优良品德和个性特征，在改造客观世界的过程中改造人的主观世界。

4. 求知欲应该是中学生的优势需要。

5. 合理的需要及满足的方式产生合乎社会要求的行为，不合理的需要及满足需要的方式产生违反社会要求的行为。

六、中学生的强度最大的前五项需要

1. 追求丰富知识，多方面能力和优秀品质的需要；

2. 结交诚实正直的朋友的需要；

3. 升入理想学校或有个好工作的需要；

4. 尊重与自信心的需要；

5. 信任和理解的需要。

七、为了满足个人的需要应注意的几点

1. 用劳动来创造财富;

2. 处理好个人需要与他人利益关系;

3. 满足需要的方式要适当:

同一种需要可选择不同的行动予以满足。如:都是为了满足尊重的需要,甲:勤学苦练,发挥才干;乙:弄虚作假,打击别人,抬高自己。丙:称王称霸,口出狂言,动手打人。

4. 需要和金钱的关系:

不管是满足物质需要还是满足精神需要,都需要钱。钱本身没有什么不好,关键是获取它的方式。《列子·说符篇》中有则寓言,有一齐人想得到金子,一天他穿戴整齐,走进一家金店,伸手拿了一块金子就走,巡吏把他逮住了,问他:"你在光天化日下,竟敢拿人家的金子!"他答:"拿金子的时候,我只见金子,不见人!"

一个年轻人,如果把钱作为唯一的需要,像那齐人一样"只见金子,不见人",什么友谊、道理、理想、信仰等,都会被抛到九霄云外。他根本不可能产生任何高级需要,也绝不可能成为一个高尚的人。

第五章

处理好人际关系

戴尔·卡耐基说:"一个人的成功15%取决于专业知识和技能,85%取决于人际关系和处世能力。"独学而无友,则孤陋而寡闻。在现代社会中,协调和构建良好的人际关系是一个人能否担当大任的重要能力之一。作为中学生,要学会处理好与他人的关系。

第一节　交友技巧

有一首经典老歌叫《朋友》："千里难寻是朋友，朋友多了路好走，以诚相见心诚则灵，让我们从此是朋友，结识新朋友，不忘老朋友，让我们到处都是好朋友，天高地也厚，山高水长流，让我们永远是朋友……"美丽的歌声唱出了人际交往的美好，人际沟通的重要。在我们的现实生活中，我们都渴望结交更多、更好的朋友。今天我们共同学习交友的技巧。

一、学会倾听

事实上每个人都有这样的需要：被别人承认，被别人认为有价值，被别人尊重，被别人所爱……也就是被别人欣赏。如果这种需要得不到满足，人的自信就会动摇。表现出对他人的欣赏，最基本、最普通、最常用，也是最有效的方法之一，就是认真地倾听别人谈话，努力理解别人谈话的内容和别人的体验、感觉。

倾听他人谈话的好处是，别人将以热情的感激来回报你的真诚。

附:

猛张飞　荐庞统

张飞,三国时期刘备结拜兄弟。其人性格刚烈,多得罪人。然而在庞统的问题上,却能够认真倾听、了解情况,终于为刘备物色了一个高明的谋士。话说庞统初投刘备时,刘备见他貌丑,心中不悦,也不多问,就命庞统到一小县,当时的丰阳县当县令。庞统原想以自己的才学打动刘备,但见刘备如此冷淡,也不便多说,只得勉强应允上任。但在上任后百余日内,庞统却终日饮酒为乐,不理政事,一应粮钱诉讼,均不理会。

这时,张飞正在荆南诸县巡视。待巡视到丰阳县,听说庞统的行为后大怒,责问庞统为何不理政事,庞统却对张飞说:"百里山县,些小公事,何难决断!将军少坐,待我发落。"张飞果然在一旁静坐观看庞统的工作。只见县衙官吏们将百余日所积公务案卷全都搬到厅上,诉讼被告人等也全部环跪阶下。庞统耳内听词,口中发落,手中批判,曲直分明,并无分毫差错,民皆叩首拜伏。不到半日,将百余日所积公事,全部了断。张飞看后大惊,马上立起身来向庞统道歉,说:"先生大才,小子失敬。"并表示要在刘备处极力举荐,从此卧龙凤雏,同归刘备。

根据人性的知识,我们知道,人们往往对自己的事感兴趣,对自己的问题更关注,更喜欢自我表现,一旦有人专心倾听自己的谈论时,就会感到自己被重视。认真倾听,似乎很简单,但并不是人人都能做到的。合格的倾听行为应该做到以下三点:

（一）倾听要表示出诚意

眼睛注视说话的人，将注意力始终集中在别人谈话的内容上，不要打断对方，在对方未提问时，不要随便发表自己的看法。

（二）倾听要持续配合说话人

用点头、微笑表示你理解对方的想法。如不一定赞同对方的观点，仍要保持专注、尊重态度，可以适时加入一些表示听清楚的短语，如"是吗""我明白了""原来这样"等等。

（三）倾听要学会引申话题

重述对方的意见、情感或提出恰当的问题鼓励、帮助讲话者完成他的叙述。如"后来又怎么样呢？""那你一定气坏了！""既然如此，你以后打算怎么办？"

附：

场景一：刘涛向爸爸叙说今天学校里发生的事。爸爸边看报纸边心不在焉地听着。当刘涛问："我该怎么办呢？"爸爸放下报纸问："你刚才说什么？"刘涛生气地站起来走了："我不跟你说了"……

场景二：郑雨滔滔不绝说着趣事，根本就不注意别人的反应，听者一点也插不上话。听者说："郑雨就知道自己说，丝毫不顾别人。"

在人际关系中，说话与倾听是一个过程的两个方面。可一些同学，却有意无意地把能说会道当作交往的标志，好像谁讲的多，谁就能当领袖。其实，倾听也是交往的重要方面,在语言交流中,有效的倾听有时比适当的讲话更有收获。

附:

倾听的七条原则

1. 倾听时,一定要凝视说话者。

2. 向对方表示你关心他说的所有内容。

3. 和对方谈话时,应稍稍前倾一下身体。

4. 掌握时机,提出问题。

5. 不要中途打断对方,让他把话说完。

6. 忠于对方所讲的话题。

7. 配合对方的语气,提出你自己的意见。

即你可以重复他说话的某一部分。这不仅证明你在注意听他讲话,而且可以以下列的答话陈述他的意见。如"正如你指出的意见一样,我认为"、"我完全赞成你的看法"。

聆 听

当我希望你聆听时,你却开始滔滔不绝地发表意见,

你未能做到我所期望的;

当我希望你聆听时,你开始否定我的感觉,

你忽略了我的感觉;

当我希望你聆听时,你认为要为我解决问题,

你让我感到自己无能为力;

聆听！我只是希望你聆听，

不是讨论、不是行动、只是聆听！

也许正因为上帝的沉默，令祷告产生效用，

他发表意见，也不改变事情，

他只聆听，让你自己找出路。

二、学会微笑

苏联一位著名的心理学家认为，会不会笑是衡量一个人能否适应社会环境的特殊尺度。因此，新加坡曾推行"微笑运动"以利于改善人际关系和促进社会的和谐，微笑作为一种无声的语言，有着非常重要的功能，它可以满足对方的尊重需要，使人与人之间的关系协调，否则便会发生不必要的矛盾和冲突，甚至导致严重的后果。

🌐 附：

微笑的魅力

有一次，李全在15路电车上遇到这样一件事：当电车正关闭车门即将离开车站的刹那，一位青年突然跃身上车，恰巧被车门夹住。该乘客上车后，一边揉胳膊，一边横眉怒视着售票员，眼见一场争吵不可避免。然而此青年刚欲启齿，那位售票姑娘对他歉意地微笑了一下。这一笑，使那位青年小伙子脸上绷紧的肌肉立刻松弛了下来。几乎同时，他也露出了一丝不太自然、勉强的微笑。

人与人之间应该是相互尊重、相互爱护、相互关心的关系，因而在许多情况下，应该充分运用微笑的功效，去协调各方面的关系。

　　笑是善意的象征，它使自己和对方明朗活跃，给对方产生很大的吸引力。俗话说：恶语不伤笑脸人。微笑似春风吹拂你所面对的每一个人，使他的内心愉悦，乐于与你相处。而脸色忧郁、刻板阴沉，别人会对你退避三舍。因此，在与人交往时，首先别忘了给人一个温馨的笑容。

附：

　　有笑容的人在管理、教导、推销上会有功效，更可以培养快乐的下一代。

——心理学家 詹姆斯

三、学会赞美

附：

故事一

　　有一个普通办事员在外面整整忙了一天，东奔西走，在大街上挤来挤去，回到办公室像一个泄气的皮球，心中十分恼怒，真想找个地方发一通牢骚。他的处长走进来，对他笑着说："辛苦了，累坏了吧？我知道这个艰难的事情只有你能办好，还有什么困难吗？"突然间，他的满腹牢骚不知为什么消失了，好像管不住自己似地脱口而出："挺好的，没问题。"

　　接受赞美是人的一种高级心理需要，也是一门艺术，赞扬和鼓励

第五章 处理好人际关系

是心理上的暗示手段。心理学家认为,受人赞扬、被人尊重能使人感受到生活动力和自身价值。

故事二　受人拥护的王站长

原沈阳火车站站长王卿智在工人心目中有崇高的威望。只要是王站长交待的工作,工人二话不说都会完成。原来老王到任后,首先到全站无人愿去的调车工那里了解情况,知道调车工是全站劳动力消耗最大,工作条件最苦的工种。事故多,常常夜间作业,又被看不起。王站长在一次会议上说:"咱们站172名调车工,没有一名铁路内干部子弟,有门路的都不干这一行,我王卿智就凭这一点,从心底里佩服你们。今后站里有什么好处,你们优先。"有什么好处呢?调车工们每月可领两张电影票,其他人只有一张。难道是这几元钱一张的电影票打动了工人的心吗?不是。是王卿智站长发自肺腑的体贴和赞扬产生了巨大的心理效应。

故事三

西斯·罗伯特是一家印刷厂的厂主,有一天他收到一份印刷得非常糟糕的印刷品,这是一位新工人干的活。这位新工人刚上班不久,他怕动作慢,完不成任务,慌慌张张地没有注意产品质量,只注意产品的数量,印出的产品大多数都不合格。车间主任认为他没有认真工作,狠狠地训斥了他一顿。罗伯特了解到这一情况,找到那位新工人说:"我昨天看到了你的工作成果,印得还不错。小伙子的干劲很足,每天能产那么多产品,要是工人们都像你那样有激情,我们的工厂就少有对手了,希望你好好地干下去。"

罗伯特没有一句批评的话，他的表扬对年轻人的影响很大。果然，后来他干得非常出色。在某种意义上，人去拼搏、去取得成就，目的之一就是为了赢得他人和社会的赞许和重视。

赞扬和鼓励能激励世界上最胆怯、最失落的人鼓起勇气，坚强起来，发挥他们最大潜力去与生活中的困难、挫折作不懈的斗争，最后走向成功之路。

俗话说：良言一句三冬暖，恶语伤人六月寒。赞美对于人的情绪就像阳光雨露对于花草树木一样。生活中有了赞美，才能和谐、轻松和愉快。

因此，在人际关系的沟通中，如果你能满足别人的这种心理渴望，懂得赞扬、善于赞扬，那么你会发现，你的交际网已经亮起了绿灯。每个人都会认为自己很重要，自己做的事多数都是正确的，每个人身上都有对自己的满足感、重要感和成就感。只是他们自己感到了还不满足，他们需要外界对他们的认同。在这个认同中他们感到社会已注意到他们的存在，会给人以强烈的成就感，使自己更加自信、自尊，发挥他最大的潜力去追求成功。所以要学会赞美。

1. 赞美出于真诚：真诚的赞美是发自内心对别人欣赏和尊重，真诚的赞美是实事求是的，是适度的。

只有真诚赞美别人的人才能真正令人喜欢，不真诚的赞美，口是心非、夸大其词，被赞者不但不感谢，反而会讨厌。

2. 赞美要不失时机：一般以当时赞美为好，当众赞美为好。如果你真心喜欢，就要抓住机遇，积极反馈。

3. 力争第一次发现：你所发现的对方的特点、潜能、优势，最好是别人没有发现的，甚至本人自己也没发现的内容。你的赞扬会令他恍然大悟，瞬间自信倍增，从而对你产生好感。

4. 与对方的内心好恶相吻合：如你赞美某个同学像某电影明星，而其恰恰讨厌这个明星的相貌或性格，那你的赞美就适得其反。

5. 寻找对方最希望被赞美的内容：对有优势，有自信的方面加以赞美。如美丽的女孩就没有必要夸她美丽，而应去称赞她的智力。

6. 间接恭维：引用他人的评价。对某个朋友、同事过去的事迹，也就是既成的事实，加以赞美，被称为"间接恭维"。这证明你对他的成绩、声誉有所了解，对方会欣然接受你的亲切与热情。

7. 背后赞扬：于其他人面前表扬人，是一种至高的技巧。因为人与人之间难得的就是能在他背后说好话，而不是坏话。如果朋友知道你在别人非议他时挺身而出，主持公道，他一定会非常感谢你。

8. 引其向善的赞美：赞美与奉承、拍马屁、谄媚的区别在于赞美是"引其向善"的。你希望对方拥有哪些优点，巩固哪些优点，就要发展这些特点，并及时予以鼓励，对方的自尊心受到鼓励后，会朝你赞许的方向努力。

9. 含蓄性的赞美：过直、过露的赞美时常会令对方感到过分和肉麻，你不妨用"你很有气质"等含蓄的语言，使人容易接受。

10. 直观性赞美：初次相识，可从表面的饰物、衣着、装饰等给予发现性的适度赞扬，会让对方感到轻松、自然、亲切，从而使气氛活跃起来。

总之，要以一颗真诚的爱心去对待别人，尊重别人并充分认识别人的优点，才能由衷地真诚地去赞美别人。

附:

当批评减少到最低程度,赞扬得到加强时,人们的优良行为就会增加,不良行为会因不受注意而减少。

——斯金耐

最甜的蜜糖可以使舌头麻木,不太热烈的友情才能维持久远。

——莎士比亚

你想让人有什么样的优点就赞美他吧。

——丘吉尔

四、交友能力测试

你会交朋友吗?你的人缘怎样?会不会交朋友?如果有兴趣,请你试试以下小测验。

根据自己的实际情况,对下面的15个测验题如实回答,你就会知道自己是不是善于交朋友和应该怎样和朋友相处。

1. 你和朋友们在一起时过得很愉快,是不是因为:

　　A. 你发现他们很有趣,既爱玩又会玩。

　　B. 朋友们都挺喜欢你。

　　C. 你认为你不得不这样做。

2. 当你在休假的时候,你是否:

　　A. 很容易交上新朋友。

　　B. 比较喜欢自己一个人消磨时间。

　　C. 想交朋友,但是发现这不是一件容易的事。

第五章　处理好人际关系

3. 当你安排好要会见一位朋友，但又感到很疲倦，却不能让朋友知道你的这种处境时，你是否：

　　A. 希望他会谅解你，尽管你没有到朋友那儿去。

　　B. 还是尽力去赴约会，并且试图让自己过得愉快。

　　C. 到朋友那儿去了，并且问他，假如你早点回家，他会有什么想法吗？

4. 你和你的朋友们在一起的时间长不长？

　　A. 一般情况下是几年。

　　B. 有共同感兴趣的东西时，也可能有几年。

　　C. 一般都不长。

5. 一位朋友向你吐露了一个非常有趣的个人问题，你是否：

　　A. 尽自己最大努力不让别人知道它。

　　B. 根本没有想把这个问题传给别人听。

　　C. 当你那位朋友刚离开，就马上找别的人来议论这个问题。

6. 当你有了问题的时候，你是不是：

　　A. 通常感到自己完全能够解决这个问题。

　　B. 向你所能依靠的朋友请求帮助。

　　C. 只有当问题确实严重时，才找朋友帮助。

7. 当你的朋友有困难时，你是否发现：

　　A. 他们马上来找你求助。

　　B. 只有那些和你关系密切的朋友才来找你。

　　C. 朋友们不会来麻烦你。

8. 你通常要交朋友的时候,是不是:

   A. 通过你已经结识的熟人帮助你。

   B. 在各种各样的场合下都能这样做。

   C. 仅仅是在一段较长时间的观察、考虑,甚至可能经历了某种困难之后才交朋友的。

9. 以下三种品质中,你认为哪一种是你的朋友应当具备的:

   A. 有使你感到快乐和幸福的能力。

   B. 为人可靠,值得依赖。

   C. 对你感兴趣。

10. 下面哪一种情况最接近你的实际:

    A. 我通常让朋友们高兴地大笑。

    B. 我经常让朋友们认真进行思考。

    C. 只要有我在场,朋友们都感到很舒服。

11. 假如你应邀参加一次活动,一场比赛,或者应邀在聚会上唱歌,你是否:

    A. 找借口不去参加。

    B. 饶有兴致地去参加这些活动。

    C. 当即就直率地谢绝了邀请。

12. 对你来说,下面哪一条最接近你的实际:

    A. 我喜欢称赞和夸奖我的朋友们。

    B. 我认为诚实是最重要的品质之一。所以,我常常不得不持有与众不同的看法;我很讨厌鹦鹉学舌,人云亦云。

    C. 我不奉承,但也不批评我的朋友。

13. 你是否发现:

   A. 你只同那些能够与你分担忧愁和欢乐的朋友们相处得很好。

   B. 一般说来,你和几乎所有的人都能相处得比较融洽。

   C. 有时候你甚至不想对你漠不关心、不负责任的人相处下去。

14. 假如朋友们跟你恶作剧,你是否:

   A. 跟他们一起哈哈大笑。

   B. 感到气恼,并且溢于言表。

   C. 可能和他们一起哈哈大笑,也可能恼怒发火,这都取决于恶作剧发生时你的精神状态和情绪。

15. 假如别人想依赖你,你有什么想法?

   A. 在某程度上,我并不在乎,但是我想和我朋友们保持一定的距离,有一定的独立性。

   B. 在某种程度上,我喜欢让人家依赖我,认为我是一个可靠的、值得依赖的人。

   C. 我对此持一种谨慎的看法,比较倾向于避开可能要我承担的某些责任。

计分方法:

请对照下表打出你每题的得分,将15个题的得分加起来便是你的总分:

题号/得分	选A	选B	选C
1	3	2	1
2	3	2	1

续表

题号/得分	选A	选B	选C
3	1	3	2
4	3	2	1
5	2	3	1
6	1	2	3
7	3	2	1
8	2	3	1
9	3	2	1
10	2	1	3
11	2	3	1
12	3	1	2
13	1	3	2
14	3	1	2
15	2	3	1

分析：

36~45分：

你对你周围的朋友们都比较好，你愿意和他们在一起，他们也喜欢你。而且，你能够从平凡的生活中得到许多乐趣，你的生活是比较充实而且丰富多彩的，你很可能在朋友中有一定的威信，他们比较信赖你。一句话，你的人缘很好。

25~35分：

你的人缘不怎么好，换句话说，你和朋友们的关系并不牢固，时好时坏，经常处在一种起伏波动的状态之中。这表明，尽管你确实想让别人喜欢你，想多交些朋友，尽管你自己也做出了很大的努力，但是别人并不一定喜欢你，朋友们跟你在一起时很可能会感到不那么轻松愉快。你只要认真地检查自己的言行，虚心听取那些逆耳的忠言，真诚对待朋友，学会正确地接人待物，你的处境肯定会有所改观的。

15～25分：

你很可能是一个孤僻的人，思想很不活跃，不开朗，喜欢独来独往。但是，这一切并不意味着你不会交朋友，更不能武断地说你的人缘很差。其主要的原因在于，你对社交活动，对人与人之间的关系不感兴趣。但是，一个人生活在社会之中，就是社会的一员。人们要想和睦相处，就应该相互帮助，互相尊重，互相关心。法国作家罗曼·罗兰曾经说过："有了朋友，生命才显示出它全部的价值。智慧、友爱，这是照亮我们黑夜的唯一光亮。"

但是，交友要交好朋友，滥交者无友。当然，金无足赤，人无完人，谁要求没有缺点的朋友，谁就没有朋友。真正的朋友，往往是在逆境和患难中获得的。奉承、迁就并不能保持友谊，只有正直和忠诚才能使友谊巩固。

第二节　学会与异性交往

人的一生中需要很多情感支持，我们每一天都离不开与人打交道，因为归属和爱是我们每个人的基本需要。对于中学生，健康的异性交往，能增进男女同学间相互的了解和友谊。

一、读故事

某校某班学生外出野餐。第一次，男女分席，男生个个狼吞虎咽，女生一片嬉笑吵闹，杯盘狼藉；第二次，男女合席，男生彬彬有礼，你谦我让，不乏君子风度，女生细嚼慢咽，温文尔雅，大有淑女风韵。这就是心理学上的所谓异性效应。

二、理论分析

异性友谊是人类友谊中不可缺少的组成部分，异性朋友的结交，是友谊交往中顺理成章的事情。

首先，异性的交往和友谊有助于个性的全面发展。青年期正是人的个性成熟和全面发展的时期。心理学研究表明，处在集体中的个人交际范围越广泛，与周围生活联系得越紧密，深入到社会关系的各方面就越深刻，精神世界也越丰富，他的个性发展也就越全面。人的个性包括兴趣、能力、意志、性格等多方面的内容，其中意志和性格对个性完善起重要的作用。现实生活中人们发现，交往范围广泛，不仅有同性朋友，而且有异性朋友的青年人，性格相对比较豁达开朗，情感体验比较丰富，自制力也比较强。

异性交往和友谊，有助于培养健康的性心理。性的需要是人的最基本的生理需要之一，任何一个健康的青年人，都有向异性接触和交往的正常欲望，大多数人都有心理上的"异性效应"。心理学研究发现，青春期的人们对异性的向往，大多数并不表现为对爱的渴望，而是求得心理接近和情绪接近。男女同学一起参加的活动，比起男女同学各自进行的活动，参加者一般会感到要愉快一些，活动也更起劲、出色一些。事情就是这样，青春期异性间的心理接近和情绪的需要得到满足，会使人获得程度不同的愉悦感，从而激发起内在的积极性和创造力。男女同学的交往为满足青春期这种特有的需要提供有效的环境，从而可以减轻心理矛盾，增加心理满足，提高心理兴奋程度，这对于工作、学习的开展是很有利的。

三、异性同学交往的原则

（一）健康、文明的原则

1. 异性同学之间说话要文明，切忌粗话，即讲究仪表谈吐，讲究文明礼貌。
2. 举止要大方，对待异性不可拍肩膀，打打闹闹，随便轻浮，即大方而不庸俗，热情而不轻浮。
3. 尊重对方，不可拿对方开心取乐，甚至不尊重异性感情，即心地坦诚，自然大方，把握感情分寸。

（二）选择场所与时间适当的原则

异性同学交往，不可在阴暗、偏僻的场所，而应在公共场所；不可在晚上单独交往，以防止各种性意向的幻想发生；到异性宿舍，应得到准许，且不应停留过长时间。要在集体活动中进行交往，要以"事情"为核心。健康的异性交往，一定是以男女共同从事的活动为前提，共同参与活动，才能分享人与人之间的美好情感。

（三）保持一定距离的原则

男女异性交往本身有一种自然的吸引力，但是，若男女同学交往距离太近且身体接触，是一种不礼貌的行为，且有伤双方的自尊与人格。

社会学家们指出，异性交往是人际交往的重要内容，如果没有异性交往，那么人类社会就要停止进步。因此，如何正确交往是中学生必须要学习的课题。

四、在与异性的交往中，学生们应该理解：

1. 男女通过交往结成互相帮助共同提高的好朋友，可以学到未来在社会与人合作应有的态度。

2. 男女同学交往是培养异性间有节制的友谊所必需的，它可以通过彼此的关注和祝福来丰富和充实学校生活。

3. 通过男女交往，一方面可以认识男女性别的差异，另一方面学会有节制的态度和行为，培养在与异性交往的过程中所需要的高尚的教养和理智。

4. 高中学生在与异性同学交往时应：心地坦诚，自然大方；把握感情的分寸；要热情而不轻浮；大方而不庸俗；讲究仪表谈吐，讲究文明礼貌；应该好学上进，严格要求自己，努力把自己塑造成具有高尚品德和文明行为的受欢迎的人。

五、怎样来扩大交往范围，结交异性朋友呢？

（一）增强性魅力

在和异性交往中，男性要表现出男子汉的气质：胸怀博大、情感深沉、性格开朗、情绪乐观、风度潇洒、坚毅刚强，富有进取心、责任心和幽默感。

女性的魅力：活泼开朗、举止大方、温文尔雅、仪表端庄、亲切善良、富有同情心。

（二）排除异性交往的不自然感

异性交往要像同性交往一样，敞开心扉，坦诚相待，该说的话就说，该做的事就做。有时会引起一些人的误解与非议，但只要自己心里踏实、坦然，纯洁的友谊最终会经得起时间和事实的考验。

（三）把握交往的程度

即得当和适度，严格把握友谊的框架，使友谊的性质不超出友谊的范畴。既要反对"男女授受不亲"的封建观念，又要注意"男女有别"的客观事实。

（四）与异性交往时，要本着以事情为核心

人们是在做事情中交往的，只有在一起做事，才能自然而然的交往，所以，健康的异性关系，一定是以男女同学共同从事的活动为前提，共同参与活动，才能分享人与人之间的美好情感。

六、大家谈

分析以下三个案例，谈谈自己的观点。

案例一：小刚和小娟两家不仅距离很近，而且同班，十分要好。食堂里，一人买饭，两人分着吃；吃完饭，一同散步；放学后，两人一起做功课，接着聊天，消遣，旁若无人。同学们对此议论纷纷。他们对此却全然不顾，只当耳旁风。他们说："我们就是喜欢在一起，碍着谁啦？少见多怪。"

评价：小刚和小娟已经超出同学间正常交往范围，影响校风，班风，也缩小了各自的交往范围，同时，降低了师生对他们的期望值。

案例二：她，生性活泼，聪明伶俐，是文娱活动的积极分子，校运动会上的学生播音员。她有很多异性朋友，都很要好，也很谈得来。但她觉得很烦恼，她的那些异性朋友，有时竟为了她而闹些矛盾，甚至还打过一场架。她疑惑了，说："难道广泛交友错了吗？"

评价：中学阶段男女同学间交往应该广泛些，同时应在集体中。一般来说，能与异性广泛交往的同学，也应该能与同性同学广泛交往。仅偏重与几个异性交往，关切又十分密切，确实会引起不必要的误会与矛盾，应该注意克服这种偏差。

案例三：她从新年联欢会上回来后，心情十分轻快。她为自己两年前的克制行为庆幸。那时，她是那样地喜欢他，喜欢他的谈吐、长相与才干。一次，正当她要把"信"塞进他书包时，她记起了老师说过的一句话："时间，有时会让人改变对另一个人的看法。"于是，她没有迈出这一步。两年后的今天，她发觉，他已经不那样吸引她了。

评价：克制自己的冲动行为，对自己的健康成长是很有必要的。

七、练习

（一）男生吸引你的品质（女生填写）

高大	学习好	乐观外向	出手大方	讲义气
幽默	体育好	稳重	热情	真诚
有修养	有主见	穿着潇洒	能说会道	有相近的爱好

1. 填写最吸引你的三项

2. 填写最不让你喜欢的一些品质

（二）女生吸引你的品质（男生填写）

温柔	漂亮	学习好	热情
真诚	活泼、外向	有修养	内向沉稳
顺从	会打扮自己	关心同学	体育好

有相近的兴趣和爱好

1. 你认为女生最吸引你的三项品质

2. 你认为女生最不让你喜欢的一些品质

附：

如何对待青春期的恋情

处于青春期的中学生由于生理和心理的日渐成熟，往往会萌发对异性的爱恋之情。这种恋爱是异性间的自然吸引，是最纯洁的、没有夹杂私欲的人类自然的爱悦情绪的流露。

然而，如果我们冷静地分析一下，就会发现这种常被诗人们所赞誉的浪漫的"影子爱情"多少是带有病态的。相互爱慕的对方都会觉得对方是完美无缺的最理想的人。由于只看到对方的某些优点，就无暇顾及其他了，对对方的缺点和错误视而不见，把对方偶像化，使他（或她）成了一个超现实的存在。另外，这时的恋人由于过于重视眼前的爱情，往往看不到为将来的幸福婚姻生活所具备的各种条件。在这种情况下，只要两人在一起，就非常乐观，好像什么忧愁都没有了。他们会天真地想，只要两个人同心协力，一切都会好的。抱着这种生活态度而造成悲剧的事例，在生活中时有所闻。

　　青春期的恋爱给中学生带来的直接危害和苦恼也是显而易见的。最突出的是影响学习，带来人生进程中的滑坡。特别需要指出的是，这种恋爱往往起于单纯的动机，是一种性生理本能的反应，是性驱力产生的一种感情需要，自制能力较差的中学生往往不能驾驭，如果由于无知或好奇心的驱使，突破男女间精神交往的界限，就会造成许多憾事。所以，奉劝已涉足爱河的中学生们，尽快走出恋爱的漩涡。

　　那么，如何才能走出青春期恋爱的漩涡呢？

　　第一，学会战胜自己。如因某种因素导致焦虑时，就用一种强制性的遗忘把这件事放在一旁不予理睬，这是一种实现抑制和遗忘的积极活动的心理历程。成功的压抑，依靠坚强的意志完成，自己对自己的行动行使控制。对收到的情书最简单的方法是置之不理，并从此不再想它。

　　第二，借助外界的力量。外界的力量可以助你一臂之力。如果你的父母或师长对于陷入恋爱苦恼中的人不是持简单粗暴的态度，那你不妨袒露你的秘密，请求他们帮助，找出妥善的处理办法。如果你不愿意让周围的人知道你的秘密，也可以给远方关心中学生成长的专家学者写封信，还可给"热线咨询"打电话，他们都会帮助你。

　　第三，转移注意力。这比起压抑来，可以减轻一个人的精神压力和负担。例如，积极介入班级某项组织活动，将自己的恋爱热情全部投入其中，从而减轻那些"想入非非"的念头。

第五章　处理好人际关系

第四，把早恋之情升华到学习中去。歌德的名字大家一定不生疏。他年轻时深深地爱上了一位朋友的妻子，但他又深知与这位女子结合是不可能的。内心的矛盾使他痛不欲生，他想到了死。但是，一种强烈的创作冲动解救了他：他用饱蘸爱和悔恨的细腻笔调在一个星期之内一气呵成不朽名著《少年维特之烦恼》。

当爱搅动你坐卧不安时，要时时提醒自己，青春是学习的黄金时期，光阴一去不复返。而谈情说爱，推迟几年并不算晚。况且，思想越成熟，学习越有成就，选择理想伴侣的机遇也越多，命中率也越高。

走出恋爱的漩涡，安心地学习，健康地成长。这样，当我们真正成熟、成为大人的时候，才能自豪地回忆中学时代那段美妙时光。

名　言

尽管走过去，不必逗留着去采了花朵来保存，因为一路上，花朵自会继续开放。

——印度诗人　泰戈尔

第三节　学会与父母沟通

一个家庭是不是幸福，并不在于钱的多少，而在于家庭成员之间亲情的深浅，家庭凝聚力的大小。

儿女与父母的感情是一种自然的、发自内心的亲情。父母并不寄希望于什么回报，而每个孝敬父母的孩子都知道回报，也都在默默地、自觉地回报。

正是这种亲情，维系着每一个家庭，成为家庭幸福的凝聚力。

下面的问题你知道答案吗：

1. 你父母的生日分别是哪一天？
2. 你父母分别穿多大号的鞋？
3. 你了解父母的性格、脾气、爱好吗？

一、父母在教育子女时的特点

（一）严厉型

这种类型的父母关心子女的前途胜过其他一切，为此他们对子女严格要求，事无巨细，容不得半点马虎，不苟言笑，态度严厉。

父母对子女要求严格，对人生观尚未定型，易受外界影响的中学生来说，并不是一件坏事。尽管有的父母表面看来不通人情，但一般来说内心深处对你是充满真挚的爱的，如果对于父母的严厉不理解，稍受管教就寸步不让地顶撞，会使家庭成员之间的关系处于紧张状态。正确的做法应该是多体谅父母的苦衷，理解他们严格要求的本意，对于严厉过分的地方善意地提出意见。

（二）溺爱型

对子女一味地溺爱，放弃了作为父母的教育责任，对孩子的要求不做具体分析一味满足，甚至在孩子犯了错误时千方百计为其辩护。这种类型父母的突出特点是只关心孩子的生活，不重视孩子的思想品德的教育，对孩子的学习情况也不够关心，多数情况下迁就屈从孩子。

（三）放任型

对于子女放任自流，很少管教，在教育子女问题上没有明确的目标，全凭孩子自由发展，他们放松对子女各方面的教育，学习很少过问，生活较少关心，孩子道德上出现的不良萌芽也常常被忽视，子女犹如一颗自生自长的小树，长直了还是长歪了他们都不操心，一旦孩子在成长中真的出了偏差，父母又苦于没有好的方法，实施打骂体罚。

（四）指导型

对子女严格而不苛求、关心而不溺爱、放手而不放任，他们对子女的思想、品行、学习和生活都予以关心；又注意教育方法，做到因势利导、循循善诱。在与子女的关系上，平等相待，既注意让孩子独立自主的活动，又不放松对他们的指导教育，一般说这是一种比较理想的父母类型。

父母类型纵然理想，并不等于子女与父母的相处中不会发生矛盾。对于子女来说，父母越是信任自己，越要尊重父母，父母越是关心自己，越要爱戴父母。由于父母与子女关系密切和谐，一旦发生摩擦，双方都会更痛苦。

二、子女在家庭中的角色地位

1.顺从型；2.亲密型；3.疏远型；4.独立型。

三、学会与父母相处的方法与技巧

（一）父母私翻了你的信件或日记或手机怎么办？

有的家长出于对子女的责任心，为了了解自己的孩子，会私翻子女的信件、日记或手机，因为日记和信件或手机往往能真实地反映子女的思想和生活情况，从中可以窥见子女的内心世界，父母觉得只有了解子女才能帮助教育子女，于是采取了令子女不愉快的鲁莽行为。

建议：

（1）对父母的不正确做法要耐心地做工作，要让父母信任你，消除对你的担心，恳切地希望他们不要随便翻阅日记、信件或手机。

（2）增强对父母的信任感

从某种意义上讲，与父母及时交流思想是生活中避免误会的保证。

如果你能经常与父母交流思想，沟通感情，父母也就不会采用你不喜欢的方式"了解"你了。

（3）在私翻日记、信件的事情发生后千万不要发脾气、耍态度，不问青红皂白扣上"私拆信件违法""偷看日记可耻"的大帽子，这样做非但无济于事，还极可能激化矛盾，即使你是有道理的，也应得饶人处且饶人。

（二）当父母错怪你时怎么办？

某件事不是你干的，硬说你干的，这种不容分辩的误解任何人都是难以容忍的，这在家庭生活中也时有发生。

建议：

（1）耐心听完指责。对父母的指责，训斥要耐心听完，以便弄清他们是在什么问题上对你产生了误解；

（2）适当进行解释；

（3）暂时保持沉默。

许多事情不是三言两语就可以解释清楚的，一般事发时父母的情绪又比较激动，你越解释，他们可能越发火。

（4）设法悄然退出

沉默不语不容易，争辩解释会激化矛盾，在进退两难时，不如设法暂时离开父母，独自到旁边去。

最终目的是要弄清事情原委，帮助父母消除误会，待在大家都心平气和时再进行详细解释，要避免使用刺激性语言，更不要责怪埋怨父母的一时不当。

（三）和父母发生"顶牛"时怎么办？

和父母发生"顶牛"，在多数情况下并非是为了什么原则性的大事，往往就是因为一句话说得不投机，或者在某个问题上彼此看法不同，相持不下。

"顶牛"现象的出现是令人不愉快的，它既给父母带来痛苦，又给自己增加烦恼，甚至给家庭带来始料未及的严重后果，有的同学并不是存心与父母过不去，有时连他们自己都说不清为什么把事情搞僵。

发生"顶牛"的原因，只从学生自身来看，主要是子女自尊心太强、任性；过于自信、好强。

建议：

（1）子女应主动打破僵局，首先迈出和解的第一步；

（2）要控制自己的情感，防止感情用事；

（3）"回避"进行心境转移；主动沟通，要学会阐述自己的观点，向父母倾诉，要让父母知道自己的真实感受；

（4）一定不能"离家出走"。这是最不孝的行为，是最让父母寒心和心疼的事，用父母对你爱来折磨和惩罚父母，是不成熟幼稚的表现；

（5）自我反省，多想想父母的亲情与关爱。

（四）在日常生活中，要学会孝敬父母

如每天起床、外出和回家时，主动与父母打招呼；放学回家，替忙碌中的父母泡一杯热茶；父母累了，替他们捶捶腰背；用餐时先请父母入席，替父母盛好饭菜，吃完饭后，主动帮助父母收拾碗筷；父母生日那天，自己动手制作礼物送给她；父母生病时，端水找药或问寒问暖；与父母谈话态度要谦恭，尊重他们的意见和教导；要学会心平气和地向父母解释；学会料理个人生活，自己的事情自己做等等。

附：

材料一　我为父亲开车门

父亲是三天前的一个下午到家的，当时无人在家，他搁下背篓蹲在门口抽叶子烟。傍晚，楼上的张婆告诉我，她下楼撞见父亲，以为是盲流，呵斥他走开，父亲惶惶不安："这是我儿家啊！"我向父亲求证此事时，父亲正在厨房择菜，他像犯了错的孩子，局促地站起来，搓着双手，目光游移，嗫嚅着说："下次，我一定穿周正一点。"我本是怕父亲心灵受到创伤，欲安慰他一番的，不料他不但没有半点委屈和愤愤，反而以为自己丢了我的丑而深感惭愧，我心里有种说不出的痛。

家里不宽敞，我们把父亲和儿子安排在一间屋里，父亲进屋不久，我就听见巴掌落在脸上的"啪"声。开门一看，见儿子正在大吵大闹："你脏，你脏，不准你亲我，滚出去。"父亲不知所措地捂着脸，见我们进来，更是如坐针毡。"他是你爷爷，你爸爸的爸爸，我

第五章 处理好人际关系

是他一手养大,你知道吗?小子。"我对儿子动了武,儿子的哭声中,妻子一把他抱过去,对我怒目而视,父亲垂着手,呆呆地站在一旁,又像犯错一般,夜已很深,隔壁的我还听见父亲辗转反侧的声音。

次日早晨,妻用不友善的腔调对父亲交代:"茶几上有好烟,有烟缸,别抽叶子烟,别乱抖烟灰。别动音响,别动气灶,别动冰箱,别动电视……"父亲谦恭地说"叫我动,我也动不来的。"中午我俩回来,看见满的水,父亲正蹲在地上,拿着帕子,手忙脚乱地擦地板。妻子一甩手进了卧室,"砰"地一下关了门。父亲立即又像做错事一般,不知所措起来。我按按他的肩,"爸爸,你想帮我们拖地板是吧?"父亲点头,我便拿出拖把,给他示范一番,然后交给他:"你试试!"当父亲拖净了剩下的半间客厅,他看了一遍又一遍,然后望着我,一脸感激。

下午下了一场小雨,下班回来不见父亲,妻子顿时火冒三丈,对我大发脾气,我和她唇枪舌剑,互不相让。正斗酣处,门铃响了,父亲站在门口:湿漉漉的头发搭在皱纹堆砌的额头,松树皮一样的手提着一个塑料袋。他鞋也没脱就进了屋,妻子"哼"了一声,又进了卧室。我说"爸爸,吃饭吧!"父亲说:"吃吧,吃吧,我孙儿呢?"孩子被妻子送到岳母家去了,若父亲知道内情一定会伤心的,我只得对他撒了一个谎。父亲盯着我看了一阵儿,若有所悟,默默地离开了饭桌,打开身边的袋子拿出两袋核桃粉,两瓶蜂糖,一袋健脾糕。

父亲说:"我去买东西了,不会买,也不知你们缺啥,就琢磨着买了这些。"

父亲说:"蜂糖治胃病,你记着,一早一晚都要喝一勺。她是用脑的人,桃核粉补脑。孙儿胃口不好,瘦,就给他买了健脾糕,吃了开胃。"

父亲最后从贴身衣兜里拿出一个塑料袋,说:"这5000块钱是我卖鸡卖猪攒的。都攒三年了。我用处不大,你拖家带口的用得着,拿着。我明天要回去了,你有空就回来,看看你妈妈的坟,你爷的坟,没空回来,爸也不怪你,你们忙,单位纪律严呢!"说完父亲笑了一笑,摸出叶子烟,正要点,可能想起了妻子的交代,又揣了回去,但舌头舔嘴唇的细节将他此时的欲望暴露无遗。

我给父亲卷了支烟,也给自己卷了一支,我俩中间隔着一张饭桌面对面坐着,烟雾缭绕,我们都不说话。

父亲执意要走。他说他惦念屋边的塘,惦念塘边的田,惦念那条跟他一起串东家串西家的大黑狗。怎么留也不行,我决定叫辆出租车送他回去。

富康车开到父亲身边,但一生都没坐过小车的父亲却不知怎么打开车门。他的手在车门上东摸西摸,一脸尴尬。我上前一步,弯下腰来,打开车门,照顾父亲坐进车,再为他关上车门。父亲伸出头来,一脸的幸福,他在为儿子的举动而激动啊,他说:"儿啊,爸算是村里最有福气的人了。"说完,抬手抹着眼圈,憨憨地笑着看我,霎时百感交集。

活在世上，活在城里，活在官场，我在许多人面前弯过腰，为许多人开过车门，但从没有为父亲弯腰开过车门，我为别人开车门的时候，也从没有像今天这样毕恭毕敬，表里如一过。父亲是农民，我是干部，父亲是庄稼人，我是城里人，父亲这辈子已无法超越我们的高度，但我们有今天全仰仗父亲的奠基，父亲为了我们弯了一辈子腰，吃了一辈子苦，操了一辈的心。人到老年依然念念不忘为子孙分担忧愁，正所谓"岂无远道思亲泪，不及高堂念子心。"但我们呢？给了他那么多不敬，仅仅为他开一次车门，就叫他心满意足，泪流满面。"羊知跪乳之恩，鸦有反哺之义。"我们真该为自己不恭的言行而深感无地自容。

车越来越快，离这个人情味淡薄的城市越来越远。善良的父亲啊，我知道，你会像往常那样轻易地忘掉这次所受的不敬，但却永远不会忘记儿子打开车门时的那一弯腰。那一弯腰，对你来说，是一种孝道和良知，对我来说，是向您及天下所有像您一样的父亲的乞谅和深情致敬啊！

——摘自《心理世界》

材料二 歌曲《父亲》的歌词

那是我小时候，常坐在父亲肩头，父亲是儿那登天的梯，父亲是那拉车的牛，忘不了粗茶淡饭将我养大，忘不了一声长叹，半壶老酒；等我长大后，山里孩子往外走，想儿时一封家书千里写叮嘱，盼儿归一袋闷烟，满天数星斗，都说养儿能防老，可儿山高水远他乡留，都说养儿为防老，可你再苦，再累不张口，男儿只有轻歌一曲和泪唱，愿天下父母平安度春秋。

材料三 家是什么？

家是一个地方，在一日之中，我们的胃在这里得到满足，而我们的心灵却得到千百次的满足。

家是父亲的王国，是母亲的世界，儿童的乐园。家是自己和家人栖息的地方，也是人生旅程上的安息所，家是世界上唯一隐藏人类缺点与失败的地方，它同时也蕴藏着甜蜜的爱。

家是每个人的城堡，家是爱的中心地，我们心灵最好的期望都环绕着这个中心地。家庭不单是身体的住所，也是心灵的寄托处。

材料四 家

母亲发上的颜色给我了，
还原为原来的白；
父亲眼中的神采传了我，
复现旧隐的淡然；
一个很善的名字，我过分依恋的地方。
当灯火盏盏明；
当门扇扇紧闭，
只有一扇门；
只有盏发黄的灯，

第五章　处理好人际关系

只有一扇虚掩的门，
不论是飞越了天涯或是走过海角。
只要轻轻回头，
永有一盏灯，有一扇门，
只因为有了一个很美的名字，
就有了海的宽柔。

第六章

学会学习

　　学会学习应该理解为由学会到会学的过程。即应该掌握正确的学习方法，具备主动学习、自主学习、独立思考的能力。正如达尔文所说的"最有价值的知识是关于方法的知识"，方法比知识更重要。

第一节　学习有方法

阅读本节内容，了解一些记忆规律，初步掌握几种记忆技巧。

一、记忆与遗忘规律

附：

记忆的故事

张安世是汉武帝时的一员大将，他文武双全，记忆超群。一次学馆里丢了几箱书，汉武帝又急着要看，便推荐张安世去给汉武帝背诵，张安世果然全都背了出来，后来，书找到了，拿来与张安世背诵的记录核对，一字不差。

记忆，是人们将获得的知识经验保存在头脑中，在需要的时候再回忆并提取出来，是一种从"记"到"忆"的过程，它包括：识记、保持、再现三个过程。

心理学上，把记忆的知识不能准确再现称为遗忘，遗忘是有规律的，现代心理学界公认的遗忘规律有三条：

（一）先快后慢规律

德国心理学家艾宾浩斯经过反复实验，发现遗忘是有规律的，所识记的材料，第一小时后被遗忘最多，遗忘率达55.8%，保存量仅为44.2%；一个月后的保存量为21.1%。自此以后就基本上不再遗忘了。上述描述绘成一条曲线，就是著名的艾宾浩斯遗忘曲线。

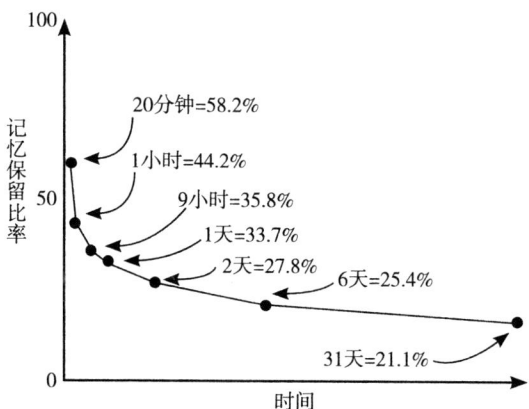

（二）识记有意义的材料不易忘记

有意义的材料可以融合在原有的认知结构中，不易忘记，无意义的材料不易与原有认知结构产生联系，所以较难记忆。

（三）处在中间部位的材料不易记忆

这是因为处在中间部位的材料受到前后两部分材料的干扰，即前摄抑制与后摄抑制的缘故。

二、提高记忆力的方法

1. 根据艾宾浩斯遗忘规律，学生对当天所学的知识要在当天及时复习，可减少大量的遗忘。在测验前、考试前分别再复习一下，记忆效率可以大大提高。

2. 根据识记有意义的材料不易忘记规律，在学习中对自己所学的知识进行某种加工，谐音法，比喻法，奇特联想法等都是加工的方法，通过加工进行信息编码更易记议。

（1）谐音法：把枯燥乏味的数字变成有意义的语言。例如，白求恩生于1890年，去世于1939年，可记为：白求恩一把（18）手术刀救死扶伤，自己却牺牲在三九（39）天。电话号码也可用谐音法进行记忆，例如：99790989，可用上海话谐音：舅舅吃酒，拎酒拜舅。

（2）比喻法：使平淡的事物变得生动，从而有助于记忆。在《水浒传》鲁提辖拳打镇关西一段中，作者一连串用了好几个生动的比喻，描写"镇关西"被打得头破血流的情景，说他身上像是："打了个酱油铺，咸的酸的辣的，一发都滚将出来""也似开了个彩锦铺的，红的黑的绛的，都滚将出来""却似做了一个全堂水陆道场，馨儿钹儿铙儿一齐响"这种新奇的比喻使人耳目一新，过目不忘。

（3）奇特联想法：在日常生活中司空见惯的事物容易遗忘，而奇特的事物就容易记住。世界上有很多事物是风马牛不相及的，如果用奇特的超乎寻常的联想就能容易地记住。例如：火车、河流、电话、小山羊等四个词，你可以发挥自己的奇特联想，把它们串联起来；火车在河流上奔驰，打电话请小山羊吃饭，这样就容易记住了。

3. 根据识记处在中间部位的事物容易遗忘的规律，在背诵课文时，可先将课文分成若干小段加以记忆，然后再串起来记忆，效果就好多了。

4. 理解融会，记忆功倍

前辈谓学贵多疑，小疑则小进，大疑则大进，疑者觉悟之机也，一番觉悟，一番长进。

孔子曰："学而不思则罔"，学而思，思而疑，疑然后能悟，悟即理解，理解了再背就意味着把新的知识经验纳入已有的知识经验的系统中，即在已有的暂时联系的基础上去建立新的暂时联系，并把新旧联系组成一个新系统，从信息论的角度来看，这就意味着增加了信息冗余量，从而能触类旁通，经久不忘。

5. 集中注意，准确记忆

注意是学习门户，没有注意就没有记忆过程。美国心理学家络夫斯基在其新著《记忆》中说："一个人为提高记忆力所能做到的最重要的事情，也许就是学会如何集中注意力。"

6. 联系联想，增加记忆

（1）眼、耳、口、手分别对应视、听、读、写。

（2）促进感知觉，运动功能之间的联系。

从大脑的分工来看，左脑掌管语言，计算和高级神经活动的大部分工作，而右脑掌管空间识别，分担音乐和几何的鉴别能力，仅起协调作用。

人脑的左半球支配右侧身体，右脑半球则支配左侧身体，因此为了加强右半球的功能可以做左半身的体操或多用左手左脚进行左半身的活动。这样，便可有意识地锻炼右半球，加强右半球的协调功能，从而减轻左半球的负担。

7. 其他一些实验表明，人脑需要时间来消化吸收所学的知识，需要的时间为5～10分钟，在这一段时间的停顿中，人脑将做到消化吸收刚学的东西，并且更多的知识将被记忆。在间歇中练习右脑是十分重要的，因为左脑是用于学习的，因此，听听音乐，呼吸新鲜空气，看一看图像，这些都是使用右脑，休息左脑的好方式。

附：

材料一

日本心理学家编制了一套单侧体操，实验表明单侧体操可以增加人的记忆能力。

单侧体操动作：

1. 全神贯注地站立，左手紧握，左腕用力，屈臂，慢慢上举，然后逐渐还原。（练8次）

2. 仰卧，左腿伸直上抬，将上抬的腿倒向左侧，但不碰到床，再以相反的顺序还原。（练8次）

3. 直立，左臂侧平举，再上举，头不动，然后还原。（练8次）

4. 直立，身体向左侧卧用左手和左脚尖支撑，左臂伸直，使身体倾斜。呈笔直侧卧状，屈左膝起身，慢慢还原。（练8次）

5. 俯卧，跷起脚尖，用手掌和脚尖支撑身体，做俯卧撑。（练8次）

上述5节单侧体操每天应练习1～2次。若能持之以恒对增强记忆力将有奇效，不妨一试。

材料二

法国数学家帕斯卡尔说："记忆是一切脑力劳动之必需。"

法国作家伏尔泰说："人，如果没有记忆，就无法发明创造和联想。"

英国哲学家培根说："一切知识的获得是记忆。记忆是一切智力活动的基础。"

南宋朱熹说："余尝谓读书有三到：谓心到、眼到、口到。心不在此，则眼不看仔细，心眼既不专一，却只漫浪诵读，决不能记，记亦不能久也。三到之中，心到最急，心既到矣，眼、口岂不到乎？"

第二节　科学用大脑

脑是一个人各种器官活动的司令部，脑用则灵，不用则锈蚀，但用脑要讲究科学，因为智力的物质基础是大脑，人在工作和学习时大脑要消耗很多的氧气，并且大脑处于高度紧张兴奋状态，需要大量新鲜血液，提供足够的营养，并可导致一系列生理变化。

一、科学用脑

提高大脑的工作效率，应该从以下几方面努力：

（一）用脑讲专心

集中注意，决不能三心二意。

（二）用脑讲"五到"（心、口、眼、耳、手）

（三）用脑讲休息

劳逸结合，注意休息。

1. 文理交替学习法（不同功能区交替兴奋）；

2. 文体活动（散步、做操、打球、练拳等）；

3. 睡眠和闭目养神。

（四）用脑讲营养

吃足主食，增加鱼肉。

脑需：脂肪、蛋白质、糖、维生素B、维生素C、维生素E和钙。合理饮食，不偏食，要像皇帝一样吃早餐。

植物性食物：核桃、黑芝麻、小米、玉米、红薯、葵花籽、松子、花生、杏仁、黄豆制品等。

动物性食物：脑、鸡蛋、鱼、鸭、羊肉、猪肉、虾等。

（五）用脑讲保养

即调整情绪，愉快情绪，保养大脑。

苏联教育学家赞可夫认为，学生的情绪生活与其思维是紧密地联系在一起的，如果伴随学习和思考的是兴奋、激动等愉快情绪，将能促进其智力的发展；否则，一切不愉快的情绪，将会阻碍智力的发展。《黄帝内经》记载："悲哀忧愁则心动，心动则五脏六腑皆摇"，"心"即"脑"。

现代教育心理学的研究表明：情绪与用脑效率之间有重要的关系，不论什么原因引起的精神紧张和长时间的精神苦闷、焦虑不安和思想矛盾，都能使脑细胞能量过度耗损，从而使大脑陷于衰弱状态。日本著名教育心理学家泷泽武久曾说："不能无视情感的作用，情感交织在人的思维中，或者成为刺激或者成为障碍。"

（六）用脑讲锻炼

1. 体育锻炼；

2. 多做手部活动：

日本学者朝长正德指出："手指的精细动作可刺激脑子，防止脑退化。"如弹奏乐器、打扑克牌、转动核桃、手工编织、手工编筐、打字等。

英国神经生理学家科斯塞利斯和米勒认为，人脑的潜力是无穷的，脑的发育与外界环境相互作用，接触的东西越多，内容越复杂，脑细胞的发育也就越迅速、越完善。

高尔基说："人的天赋就像火花，它既可以熄灭，也可能燃烧起来，而逼使它燃烧成熊熊大火的方法只有一个，就是劳动、再劳动。"

附：

学会学习

崔景贵

树立终身学习观，学会学习。有人分析，在科技不发达的时代，人的知识80%是在学校获得的，10%～20%是在工作中获得的；而在科技发达的时代，人们在学校获得知识仅占10%～20%。正如联合国教科文组织前助理总干事纳伊曼所指出的："'学会学习'的要领意味

第六章 学会学习

着受过教育的人将会知道从哪里能很快地和准确地找到他所不知道的东西。"西方有句名言,即"最有价值的知识是关于方法的知识"。如果说青少年在学校里学到的知识是"黄金",但若同时学会了学习,那就等于掌握了"点金术"。

掌握科学的学习方法。国内学者提出"三五"进取型学习方法,被认为是较为理想的学习策略。其基本要素是五要、五先、五会。五要即一要围绕教师讲述展开思维联想;二要清理教材文字叙述思路;三要听出教师讲述的重要难点;四要跨越听课学习障碍,不受干扰;五要在理解基础上扼要笔记。五先即一先预习后听课;二先尝试回忆后看书;三先看书后做作业;四先理解后记忆;五先知识整理后入眠。五会即一会制定学习计划;二会利用时间充分学习;三会进行学习小结;四会提出问题讨论学习;五会阅读参考资料扩展学习。

培养元学习能力。所谓元学习,是指学习者对自己学习过程的意识与控制。元学习主要包括如下几种能力:①会激励自己勤奋学习;②会确立学习目标;③善于选择能达到目标的最佳的学习方法;④在必要时采取补救措施;⑤善于总结自己达标过程中的经验教训,及时调整自己的学习方法。

努力调适学习心理问题。"五心"学习法是爱迪生一生成功的秘诀:开始学习要有决心;碰到困难要有信心;研究问题要专心;反复学习要耐心;向别人学习要虚心。用"六到"学习法可以调适懒惰、拖沓的不良学习态度。所谓"六到"即心到,要开动脑筋,积极思维;眼到,要勤看,在多方面增加感性知识;口到,要勤问勤背诵,熟记一些必需知识；耳到，要勤听，发挥听觉器官的最大潜力；手到，要勤写，抄写记录是读书关键；足到，要勤跑，实地考察或请教别人，验证理论，丰富实践知识。

终身学习

由于时代的飞速发展，终身学习迫在眉睫，"终身"的含义不是时间概念，而是投入度的概念。我们真正调动自己的脑、心、身，投入到学习中。

终身学习至少包括以下这些含义：

1. 学习和工作无法区分、相辅相成

以前我们的学习与工作是完全脱节的，20多岁之前是学习，20多岁之后是工作。

但是未来，在你20多岁从大学毕业之后，一直到你退休之前，你仍然要继续更新你的知识体系。

2. 跨领域的通用人才更受欢迎

VUCA时代的模糊、无界等等趋势，导致我们无法区分专业，我们需要复合型人才。

拿人工智能领域来看，它并不是一个特别细分的领域。人工智能领域的专家，需要懂得心理学、认知科学、信息科学、系统科学等很多学科。

3. 思考和实践在学习中占比更高

过去知识存储在书本中，我们不可能随身带那么多书，所以需要把知识都记在脑子里，用的时候才拿得起来，这是我们过去很多年，教育体制重视背诵和记忆的原因。

但现在，我们只需要知道在哪里可以获取就行，背诵和记忆就变得没那么重要。

那我们的大脑被解放出来干嘛呢？思考和创新。思考是比记忆背诵更加高级的一种大脑运动模式，但是，也是更有创造力的一种模式。

学习思考方法，比背诵知识，在这个时代要有用得多。

4. 沟通、创新等能力的学习更重要

在达沃斯世界经济论坛2016年公布的一份报告里，有一项是2015年和2020年职场最重要的十项能力对比，这些能力全部都是软能力。

而且，解决问题、批判性思考、创新、人才管理与沟通协作，这些能力在当今时代，无论哪一年，都是最重要的能力：

5. 需要理解整个商业社会的运行规则

未来，你很难一辈子就做一个职业，所以你需要知道，现在的这个岗位，将来有什么可替代性？这个岗位对整个行业来说，它的价值在哪里？

更何况，未来会有越来越多的人会成为自由职业者，或者某个细分领域的创业者，如果不了解整个商业社会的运行规则，是很难生存的。

时代发展到今天，如果我们依然只重视知识的背诵记忆和技能的学习，而忽略思考、创新和沟通能力的学习，这将会让我们的个人发展走向最大的失败。

第三节 克服考试焦虑

对于中学生而言,焦虑的事可能有多方面,如同学关系;学习过程中的困难等,其中,最大的焦虑往往来自考试,下面就从如何正确认识考试,克服考试焦虑等做一些讨论。

一、焦虑情绪的表现

受焦虑情绪困扰的同学表现为:有的在考试前忧心忡忡、惶恐不安、失眠、忧郁、精神萎靡、不能自控;有的在考场上心神不定、茫然出神或唉声叹气、身体不停地出汗、抖动;有的考试前后头晕恶心、呕吐、食欲不振等,身体上则表现为疲乏倦怠、面色潮红、心悸、多汗、尿频、厌食、失眠、月经失调等症状,家长们常常束手无策。许多家长反映,他们供给的食品很好,而且有的还专门给孩子买了一些特殊的补品,但还是无济于事。

这些反应势必会对学习和考试带来严重影响,那么,是哪些具体因素引起的这些焦虑情绪呢?

二、焦虑紧张的原因

引起紧张的主要原因是外界压力。家长和学生自己期望值过高,考试"目标"制定不当；有些人甚至为了多记、强记考试知识而"三更灯火五更鸣"地开早车、开夜车，睡眠严重不足，这样做不仅没有收到好的学习效果，反而影响了正常的记忆能力，因而进一步加剧了紧张、焦灼、烦躁、恐慌、强迫、抑郁、敌对等"考前综合征"。他们大部分感到不同程度的学习困难，记忆力下降，精神难集中，常与人发生冲突，并有避世思想和厌世倾向。其次，自我压力太大，平时缺少一些舒缓心理情绪的活动，对成绩、前途过分看重。第三，适应能力，即心理素质较差。有些学生平时学习并不差，但就是怕考试。即使是历经考试磨难，已经"过五关，斩六将"，顺利进入高等学府深造的大学生、研究生，有时也会对考试产生畏惧心理。笔者曾经读过一位在大学里读书的学生私下写的一首《考试歌》："考试几时有？把笔问青天，使我枯坐终日，不得开心颜。我欲拂袖而去，又怕教授心狠，出题不胜难。愁肠无所解，长叹倚栏杆。残星隐，明月落，人未眠。不应有泪，何故相见太频繁？怕恐年年岁岁，断肠岁岁年年。此事古难全，但愿命长久，熬过这几天。"由此不难体会一些学生对考试所持有的反感情绪和畏惧心理。

三、克服考试焦虑心理

重新我们要认识引起焦虑情绪的担忧和想法。

应试者的焦虑情绪往往是由许多担忧引起的，那么这些担忧和想法是否必要，是否真实呢？我们就考试前后的几种担忧和想法分析一下：

"我没有人家复习得多，考试一定很糟。"

这绝不是真的，除非你一点准备也没有，你显然把这件事夸大了，只要你认真复习过，这种想法只能使你把注意力分散在考试后的消极后果上，而不是当前正在进行的考试上,这种消极的自我暗示是不利于你取得真实的成绩的。

"其他人都比我聪明,我真是笨极了。"

有必要如此烦恼吗?有些人可能的确比你聪明,但也有很多人不如你,你实际上没有必要同其他人竞争,如果有,那就是你自己。

"考试真可怕,万一失败怎么办!"

并不是考试使你害怕,而是你自己使自己紧张,是你对考试的反应令你感到恐怖。你完全有能力控制自己的情绪,怎么可能失败呢!平时经过若干次的模拟考试,这次大考同那些模拟考试有什么区别呢?以平常心待之,一定会考出正常甚至超常的成绩来。

如此等等,只要将困扰你的所有问题从全新的角度加以分析,你就会惊奇地发现,那些曾经使你感到强烈的威胁,令人焦躁不安的因素,只不过是你想象夸大出来的"庞然大物",根本是庸人自扰,从观念上的根本转变,将使你精神为之一振,重新变得自信,把考试当作挑战而不是威胁。

首先要正确对待各种考试。

既要积极进取,又不过分苛求,不以成败论英雄。别过早地给自己施加不适当的精神压力,而要以一颗"平常心"来冷静地对待复习迎考,要善于放松自己的情绪,使生物钟运转正常,处于和谐状态,这样反而有可能"花一分力气,获五分收获"。

第二,应该根据自己平时的学习能力和各方面的表现,确定符合个人实际情况的目标,不能为了不辜负教师、家长的期望,甚至为了同学之间互相攀比,而把自己的目标定得太高,超出自己的实际水平太大。

第三,优化情绪。

积极的情绪能提高考试的成绩,消极的情绪能降低考试的成绩,因此调整好情绪是考试成功的重要环节。

怎么优化情绪?

1. 以平常心对待考试。

2000年高考,山东状元郭志华说:我自己是很想考上北京大学,但是我也想,什么东西都不是强求的,能学自己所喜欢的专业,任何大学都是可以的。所以在考试的时候,我对自己没有什么太高的要求,轻装上阵,就像平常考试一样,这样就不会紧张了。

2. 不要把考试焦虑看得太重。

考生在考试前和考试中会出现考试焦虑现象,即有些紧张,有些不安,有些着急,这对考生来讲是难免的。据心理学研究,考生存在中等程度焦虑与严重程度焦虑会对考生的发挥产生很大的负面影响,而轻度考试焦虑在某种意义上还会促进考生发挥自己的潜力。考生在考试前和考试中存在轻度的考试焦虑是相当普遍的。可是有些考生怕自己紧张不安的情绪会对考试产生很严重的影响,殊不知其他考生也大多存在像你一样程度的考试焦虑。谁过分看重考试焦虑,谁就会受到影响。因此,考生不要把自己存在的轻度考试焦虑想得太多,看得太重。

3. 听听音乐。

很多人有这样的体验:听着催眠曲就不知不觉进入了甜美的梦乡;在紧张学习了一天之后,高歌一曲会消除疲劳。现代医学表明,音乐能调整神经系统的机能,解除肌肉紧张,消除疲劳,改善注意力,增强记忆力,消除抑郁、焦虑、紧张等不良情绪。运动员赛前如果有异常的情绪表现,比如过分紧张,此时听一段轻音乐，往往能使情绪稳定下来。正如德国著名哲学家康德所说："音乐是高尚、机智的娱乐，这种娱乐使人的精神帮助了人体，能够成为肉体的医疗者。"因人、因时、因地、因心情的不同而选择不同的音乐、适宜的音乐，常可取得很好的效果。

4. 积极的自我暗示。

心理学研究证明积极的自我暗示能唤起人良好的情绪，消极的自我暗示能唤起人的不良情绪。考生运用积极的自我暗示调整心态会收到积极的效果。考生运用自我暗示的方法调节情绪，既简便又有效。考生在考试复习过程中或在考场上，都可根据自己当时的心态进行积极的自我暗示。

考生根据自己的情况可采用不同的自我暗示语。当考生情绪过于紧张时可默念放松、放松、放松。当考生心情烦躁时可默念平静、平静、平静。当考生心灰意冷时可默念我行、我行、我行。

5. 深呼吸。

深呼吸提倡腹式呼吸，它是一种以腹部作为呼吸器官的方法。首先，找一个合适的位置站好或坐好，身体自然放松；其次，慢慢地吸气，吸气的过程中感到腹部慢慢地鼓起，到最大的限度的时候开始呼气；呼气的时候感觉到气流经过鼻腔呼出，直到感觉前后腹部贴到一起为止。

深呼吸是调整情绪的一种简单易行的方法，要经常训练深呼吸的操作方法，在使用时就会得心应手。有的人认为深呼吸谁还不会？但是使用时就感觉挺别扭。因此，考生使用深呼吸调节情绪要经常训练，经常做，才能收到比较满意的效果。

第四，强化信心。

第六章　学会学习

信心是考生的灵魂，信心是考生成功的精神支柱。如果没有考试成功的信心，考试就不太可能成功。

怎么强化信心呢？

1. 考试目标期待适当。

考生要根据自己平时的学习实力和自己心态的情况，实事求是地确定自己的考试目标。

考生如果把考试目标定位过高，就会为难以达到目标而增加考试焦虑，影响考试发挥。但如果考生把目标定位太低，也会影响潜能的发挥。

2. 加强实力。

考试信心是建立在考试实力基础上的，因此，加强复习，提高实力是强化信心的重要措施。

考生努力学习，提高复习效率，确实掌握知识，学会利用已有的知识解决问题的能力，有助强化考试的信心。

3. 不要迷信。

2000年7月初，一位考生对我讲：我考重点大学的希望没有了。我说你平时学习成绩不错，只要心态好发挥好就会成功的。他说这两天他看到了乌鸦，是不祥之兆，十有八九考不上重点大学。

考试成功与否，是由自己的平时学习实力与考试时的心态决定的。世界上不存在超自然的力量影响考试的成绩。有的考生迷信超自然力量的存在，相信超自然力量会影响考试心态，会降低自己对考试的信心。

考生要相信自己的力量，相信自己的心理素质，要自己掌握自己的命运。考生千万不要去求神、拜佛、算命。

第五，科学用脑。

要科学地安排复习时间，"因人而异"地制定复习计划，不可打"疲劳战"。应尽可能地抛开一切杂念，使注意力高度集中，以获得最好的复习效果。当脑中出现杂念时，还可用意念集中注意力。方法是闭上眼睛，慢慢地调整呼吸，开始想象大脑中一片空白，好像什么都不存在。然后，自言自语地说："好了，现在我的注意力开始集中了。"这时大脑中好像又出现学习的内容，模模糊糊，直至十分清晰。然后睁开眼睛，继续学习。一般应学习50分钟左右就停下来，休息10分钟。学习之余，要适当参加文体活动。忙乱、身体疲劳的时候，更有必要调整一下时间节奏，应当保持每天8小时的睡眠，如果中午也能有30分钟左右的午休，对消除紧张和疲劳更有好处。

第六，肌肉的系统放松法。

这种方法是由舒尔兹和雅科布松最早提出并成功地运用于各种领域的。它主要帮助一些情绪异常的人。一般程序如下：每天用30分钟，通过言语自我暗示进行从头到脚的放松训练，使从脚趾一直到头面的肌肉群逐个地紧张收缩、保持，逐渐放松，再如此反复交替进行，不久，你就会发现，你并没有试图使肌肉静止，它们就静止不动了。这种放松完全是自我控制的，你可以随时中止或继续下去，利用这种方法，你会消除身体的不适反应，使精神重新振奋，心旷神怡，并且形成了有意识地集中精神，排除干扰的习惯，再也不必依靠镇静剂之类的药品来寻求精神的安宁，你将恢复往日的自信，不再脆弱。

第七，进行"脱敏"训练。

参加考试如同参加战斗，当遇到威胁时便伴随相应的身心反应，如自卑、怨恨、神经系统高度紧张等，使你会变得敏感，甚至对一些适当的刺激也会作出一些过度的反应。为此，你得进行"脱敏"训练。具体过程是：按程度的由弱到强列出可能引起焦虑的情景，例如：突然有人说考试将提前进行，复习计划将被打乱；已坐在考场中，发现监考极严；考试中突然遇到难题等。然后通过肌肉的放松技术使身体保持在连续放松状态，从弱到强逐步想象引发考试焦虑的刺激情景，面对这样的刺激，焦虑紧张情绪不断被诱发，此时，再次引入放松技术，使你重新放松。如此反复训练，逐渐成功地适应每一个刺激，直到最强的刺激情景也不能引起你的焦虑，那么，"脱敏"便取得了成功。

通过以上几个方面的努力，相信考生们能很快地摆脱焦虑的困扰，从而以高度的自信，充沛的精力投入到考试中去。

第四节　了解心理效应

心理效应是社会生活当中较常见的心理现象和规律，是某种人物或事物的行为或作用，引起其他人物或事物产生相应变化的因果反应或连锁反应。同任何事一样，它具有积极与消极两方面的意义。

因此，正确地认识、了解、掌握并利用心理效应，在日常生活、学习当中具有非常重要的作用和意义。

1. 苏东坡效应："不识庐山真面目，只缘身在此山中"，人们对"自我"

这个犹如自己手中的东西，往往难以正确认识。从某种意义上讲，认识"自我"比认识客观现实更困难。因此，"人贵有自知之明"。

社会心理学将人们难以正确认识"自我"的心理现象称为"苏东坡效应"。例如古代有则笑话：一位解差押解一位和尚去城府。住店时和尚将他灌醉，并剃光他的头后逃走。解差醒时发现少了一人，大吃一惊，继而一摸光头转惊为喜"幸而和尚还在"，可随之困惑不解"我在哪里呢？"

2. 南风效应：法国作家拉封丹曾写过一则寓言，讲的是北风和南风比威力，看谁能把行人身上的大衣脱掉。北风首先来一个冷风凛凛，寒冷刺骨，结果行人为了抵御北风的侵袭，便把大衣裹得紧紧的。南风则徐徐吹动，顿时风和日丽，行人因觉得天暖身热，始而解开纽扣，继而脱掉大衣。南风获得了胜利，这就是南风效应。

3. 罗森塔尔效应（期望效应）：美国心理学家罗森塔尔等人于1958年做过一个著名的实验：预测未来发展的测验，利用权威性语言暗示老师，老师由于喜欢学生而对学生抱有较高的期望，经过一段时间，学生感受到教师的关怀、爱护和鼓励，常常以积极的态度对待老师、对待学习以及对待自己的行为，学生更加自尊、自信、自爱、自强，诱发出一种积极向上的激情，这些学生常常会取得老师所期望的进步。

古希腊神话有一个关于皮格马利翁的美丽传说，这个传说后来演化成"期望可以变成现实"的代名词。相传皮格马利翁深深爱上了自己用象牙雕刻的美丽少女，渴望少女能获得生命。他真挚的爱感动了爱神阿芙罗狄特，爱神赋予少女雕像以生命，终于使皮格马利翁与自己钟爱的少女偶像比翼双飞，罗森塔尔借用这一传说，称教师期望效应为"皮格马利翁效应"。

第六章 学会学习

4.鲶鱼效应：据说，挪威人捕沙丁鱼，抵港时如果鱼仍然活着，卖价就会高出许多。所以，渔民们千方百计想让鱼活着返港，但种种努力都归失败，只有一艘船总能带着活沙丁鱼回到港内，一直到这艘船的船长去世后，人们才发现了秘密：鱼槽里放进了一条鲶鱼。原来鲶鱼放进槽里后，由于环境陌生，自然会四处游动，到处挑起事端，而大量沙丁鱼发现多了一个"异己分子"，自然也会紧张起来，加速游动，这样一来，一条条活蹦乱跳的沙丁鱼就被运了回来。后来，人们把这种现象称为"鲶鱼效应"。

启示：鲶鱼效应在管理心理学中说明了人员流动的重要性和必要性。人员流动对个人和群体都将产生积极的心理影响，人员流动有助于激发人的干劲和潜力，有助于激发群体成员的活力和竞争意识，从而提高工作效率。

5.名片效应：要善于捕捉对方的信息，把握真实的态度，寻找其积极的、可以接受的观点，制作一张有效的心理名片。

6.异性效应：某校某班学生外出野餐。第一次，男女分席，男生个个狼吞虎咽，女生一片嬉笑吵闹，杯盘狼藉。第二次，男女合席，男生彬彬有礼，你谦我让，不乏君子风度，女生细嚼慢咽，温文尔雅，大有淑女丰韵。这就是心理学上的所谓异性效应。

这种现象是建立在"异性相吸"基础上的，人们一般对异性比较感兴趣，在异性面前注意表现出自己优秀的一面。

7.责任分散效应：众多的旁观者见死不救的现象，称为责任分散效应。

对于责任分散效应形成的原因，心理学家进行了大量的实验和调查，结果发现：这种现象不仅仅是众人的冷酷无情，或道德沦丧的表现。因为在不同的场合，人们的援助行为确实是不同的。当一个人遇到紧急情况时，如果只有他一个人能提供帮助，他会清醒地意识到自己的责任，对受难者给予帮助。如果他见死不救会产生罪恶感、内疚感，这需要付出很高的心理代价。而如果有许多人在场的话，帮助求助者的责任就由大家来分担，甚至可能连自己的那一份责任也意识不到，从而产生一种"我不去救，有别人去救"的心理，造成"集体冷漠"的局面。如何打破这种局面，这是心理学家正在研究的一个重要问题。

8. 詹森效应：有一名运动员叫詹森，平时训练有素，实力雄厚，但在体育赛场上却连连失利。人们借此把那种平时表现良好，但由于缺乏应有的心理素质而导致竞技场上失败的现象称为詹森效应。对于学生来讲也叫"考试焦虑症"，即由于心理素质差而导致考试失利的现象。

9. 首因效应：由初次见面时所形成的对一个人的印象，称首因效应。就是说人们心中"第一印象"的微妙作用，在心理上称为首因效应。

10. 晕轮效应：是一种以偏概全的主观心理臆测。其错误在于：第一，它容易抓住事物的个别特征，习惯以个别推及一般，就像盲人摸象一样，以点代面；第二，它把无关内在联系的一些个性或外貌特征联系在一起，断言有这种特征必须会有另一种特征。第三，它说好就全部肯定，说坏就全部否定。晕轮效应是人际交往中对人的心理影响很大的认知障碍，我们在交往中要尽量地避免和克服晕轮效应的副作用。

11. 从众效应：由于人们受到传统世俗观的影响，如"枪打出头鸟""出头橡子先朽"或者过分相信大多数人的思想和行为，要求自己与大多数人保持一致，这种心理即为从众心理。

从众心理使人认为许多人都做的事就应该是可行的或可做的，容易盲从或赶时髦和流行。

12. 习得性无助感效应：当有机体认为自己的行为与外部结果之间没有依随性时，就会失去可控感，对外界刺激不再作出积极的反应，就产生了习得性无助感效应。

习得性无助感最先来自失败的体验，自己多次的努力都没有结果，连续的挫折和失败使个体感觉到自己的反应与结果无关，认为自己无法控制行为的结果与外部的世界。在其后的行动中，个体对结果形成了消极的期待，认为自己怎么做也无法避免失败。这种期待泛化到其他学习和作业中，就表现出了习得性无助感。

第七章

职业定位

　　幸福的人生,一定与职业的选择分不开。对于中学生而言,职业的定位非常关键。有时候学习的过程,就是在寻找自己将来要成为什么样的人的过程。

第一节 职业定位的原则

每个到了一定年龄的青年人都应该有自己的职业,职业成为人生的一部分,对每个人的生活方式产生极大的影响,它不仅决定一个人每天做什么,而且影响他如何生活、交什么朋友、穿什么衣服、什么时候休假、挣多少钱,更重要的是,职业将决定你如何看待自己,可以说,我们的形象为职业所在主宰。

附:

工作是最佳的"麻醉剂"

工作是最佳的"麻醉剂"。整整50年前,家父告诉我这句话,以后我便一直奉它为自己生活的准则。他是一位医生,我那时刚开始在布达佩斯大学修习法律,有一次考试考砸了,我想这是奇耻大辱,再也活不下去了。因此,我便逃入失败最亲密的朋友——酒精的安慰中。

家父出其不意地来看我,立刻发现了酒瓶和我的困难,我坦白地告诉他，为何要逃避现实。

可敬的老人当场便开了一个处方。他向我说明，酒精或安眠药不能帮助我逃避……任何药物都不能。不论什么忧伤，只有一种药有效，这比世界所有的药物都要有效、可靠，那就是：工作。

家父说得多么对，要想习惯于工作也许很难，但是你迟早会成功。它，当然有着所有麻醉剂的性质。工作成为习惯，而一旦养成习惯，迟早会变得再也打不破。50年来，我就一直无法使自己打破这个习惯。

——弗兰克·摩纳尔

一、职业的价值

我们通过职业，获得维持自己或家庭生活的报酬，马克·吐温说："职业的规律看来似乎完全不公平——但它就这么存在着，这不容改变：一个人在工作中得到的享受越多，他从中获得的报酬也越多。"我们通过职业，使自己成为自食其力的劳动者，而不是靠别人的施舍过日子。通过自己的劳动而获得报酬，就是在体现职业对于自己的价值。

（一）发展自己

职业不仅可以使个人获得报酬，维持生存，更重要的是通过职业表现自己，发展自己。职业活动是一个复杂的过程，其中要充分体现个人的天赋、经验、智力、才干、体力、外貌等，个人把这些品质寄于自己的工作中，表现出自己的独特的个性和魅力。一定的职业，使个人在某一方面的才干得以提高，积累了这方面的经验，发展了自己的智力，施展了自己的力量，也使身体得到

第七章 职业定位

锻炼。

（二）贡献社会

人们通过职业活动，履行个人对于社会的义务，担当自己在这个社会的角色，一方面可以满足人们自身生活需要和心理需要，另一方面构成了社会分工劳动体系的一部分，这种职业活动客观上帮助了社会上的其他成员，对社会作贡献。社会也通过劳动者的职业活动，促进了自身的文化发展。

附：

人各有志，不能勉强

丁丁是省重点中学的学生，他不但品德好，学习好，而且手工巧。人人都说他是考重点大学的料，可在他念到高三年级时，他要去学开汽车，当专业户。丁丁退学了。当时，农村经济改革还刚刚开始，许多人为他放弃上大学的机会感到惋惜。两年后，专业户、万元户成了人们羡慕的对象，丁丁也凭着他的精明能干，成了小有名气的运输专业户。他花八万元买了一辆空调大客车，每天纯收入就有近百元。然而，恰恰在这时，他却去报考了一所师范大学，并以高分被录取了。听到这个消息，又有许多人为他惋惜、摇头，甚至说他是大傻瓜。可他自己却很坦然，他说："过去在读书时，并不觉得读书有什么特别的意义，可在工作以后，我却越来越渴望重新读书了，似乎每天不学习许多新的东西，不解几道动脑筋的题目就觉得很空虚，于是我下决心再去读书，希望将来能做个教师，每天同书本、习题打交道。"这可谓是"人各有专，不能勉强"。

二、职业价值观

职业的价值观，是指一个人对工作价值的看法，通常人们在选择工作时，最看重的方面有：

（1）工资高；

（2）福利好；

（3）工作容易找；

（4）工作环境好；

（5）工作稳定；

（6）能提供好的受教育的机会；

（7）有较高的社会地位；

（8）工作轻松；

（9）能充分发挥自己的才能；

（10）工作符合自己的兴趣；

（11）工作的社会意义大。

附：

戴尔·卡内基的回忆

戴尔·卡内基出生于美国密苏里州的一个农民家庭，从华伦斯堡的州立师范大学毕业后，从事过很多职业，这是他自己的回忆。

"35年以前，我是纽约最不快乐的青年之一。那时候，我靠推荐运货汽车为生。这使我感到十分烦恼，我不满意这个收入菲薄又毫无趣味

第七章 职业定位

的工作；不满意我那间到处是蟑螂的简陋住房；不满意我每天必须到那低廉、肮脏的小饭铺去吃饭。每晚回到冷清清的'家'里，心中总是充满了苦闷和烦恼。我觉得大学时代的美梦，如今都已成了泡影。

这，难道是我希望的生活吗？

我怀着破釜沉舟的心情，毅然辞去了推销运货汽车的工作。没想到，这个抉择竟完全改变了我的未来，它使我以后的35年，生活得十分快乐，简直可以说超过了我最高的期望。

我做了一些什么呢？

我凭着曾在华伦斯堡州立师范大学读过四年书，凭着以往在公众演讲课程里所得到的训练和经验，到基督青年会夜校成人班去讲课。那些到我班来听讲的人中，有职员、推销员、工程师、会计师以及各行各业的人，其中也有家庭主妇，他们到这里来只是为了一点：解决他们的问题。他们希望在业务会议上站起来说几句话，不要由于胆怯而昏倒；希望有办法去找难缠的顾客谈话，不致因为没有勇气而在街头走来走去；希望能培养一种泰然自若的自信心；希望事业有所进展；希望能多赚点钱；希望把家庭生活处理得更好……总之，他们希望从各种各样的烦恼中解脱出来。而我，为了帮助他们解决各种各样的烦恼，就必须把每堂课都讲得有趣而又符合他们的要求。

请想想吧，这是一项多么令人兴奋的工作！我能帮助那么多人克服烦恼……"

戴尔·卡内基后来成为美国著名的成人教育家，他的人生哲理，影响了上至总统，下至平民百姓几代美国人。卡内基此后还写了《人性的弱点》《人性的优点》等一系列的书籍，借以告诉别人克服烦恼的方法。他的书发行上百万册，被译成十四种文字。从一个默默无闻的乡下孩子，成了一个著名的教育家和作家；从一个烦恼的青年，到一个人帮助人解脱烦恼的讲师，卡内基的职业使他的人生起了多大的变化呀！

三、成功选择的"证件"

世界上最重要的事是认识自己，成功选择职业的关键是要了解自己。

未来的职业有如一条岔道，每一条岔道都有一扇门，只要你有合适的"证件"，这门就会为你打开。你自身的特点就是你要打开这个门的"证件"。

如果你站在选择职业的岔路口，前面的道路有点茫然，那你得先知道你究竟有什么样的"证件"，下面六个方面可以帮助你了解自己。

1. 你的教育；

2. 你的意愿；

3. 你的能力；

4. 你的个性；

5. 你的健康；

6. 你的动力。

这六个方面是你的"证件"，也是你的资本，越是了解你的资本，你的优势所在，越是充分发挥你的优势，你的选择越趋势于成功。

职业无高低，能力有大小，各种职业都能对社会作出贡献，都能实现自己的价值，关键在于是否事得其人，人尽其才，才尽其用。

附:

求职先了解

麦基是美国一家大公司的总裁,他曾对朋友说过这样一个故事。

他说:"当一个刚毕业不久的大学生进走我的办公室时,我问他是否对推销工作有所准备,他不置可否。"

"我又问他是否已经跟我们麦基公司的人交谈过,了解过更多的情况?"

"没有。"

"是否了解我们的需求?我们的顾客?"

"没有。"

"是否查询过他的母校有多少校友在麦基公司当推销员?"

"没有。"

……

每个问题的回答都是"没有"。

"那么我就要问他:'我们凭什么要录取你呢?'"

四、专业工种大类和可以从事的职业关系表

工科:教授、工程师、建筑师、技术员、技工、技师等;

理科:科学家、研究员、教授、教师、工程师等;

农科:教授、农艺师、技术员、农场经营者等;

林科:教授、工程师、技术员、林场经营者等;

医学:医生、药剂师、护士、技师、保健师等;

文学：教授、教师、记者、编辑、作家、剧作家等；
财经：经济学家、经济师、统计师、会计、商务师等；
师范：教育家、心理学家、教师、社会工作者等；
财政：法官、律师、警察、公务员、公证员等；
体育：运动员、教练、教师、裁判、体育场所管理者等；
艺术：音乐家、作曲家、画家、演员、导演等；
管理：企业家、经理、经济学家、经纪人、秘书等；
服务：咨询师、服务员、营业员、售票员、经理等；
旅游：导游、翻译、厨师、旅游经纪人、经理等。

附：

安于本分

尼米兹，是在第二次世界大战中名赫一时的美国将军。日本偷袭珍珠港后，他受命于危险之中，出任美国海军太平洋舰队总司令。在第二次世界大战中，他参与和指挥过的战役有珊瑚岛海战、中途岛海战、瓜达尔卡纳岛之战、马里亚纳海战、莱特湾海战及东京空袭、冲绳战役等，为盟军取得二战胜利建立了不朽功勋。

尼米兹的经历可以说是成功军人的共同历程。他以机智、服从和刻苦成为军人的楷模。

1909年1月，尼米兹已从美国海军军官学校毕业3年，当新的调令传来时，他开始有些不高兴，因为当时在战列舰工作被认为是青云直上的阶梯，而到潜艇这样一种非驴非马的岗位上去工作就难有出头之

第七章 职业定位

日了,调令恰恰要他上潜艇工作。在请求重新安排工作的申请未获批准后,尼米兹不仅服从命令,而且仍然主动地开展工作,在指挥潜艇协助战事的同时,他开始进行柴油机取代汽油机的实验。结果,他的努力有了回报,没有多久,他被公认为潜艇发动机的权威。

在工作和生活中,尼米兹悟出了这样一个道理:当自己无法解决一些事情时,就应该在自己力所能及的范围内全力发挥自己的作用。大部分工作,无论一开始多么乏味,只要专心致志,刻苦钻研,就一定会成功。

在尼米兹的军事生涯里,重要的工作调任共20次,做遍了除航空兵以外的每一项海军工作。每次接受新的工作,他不管是自己非常喜欢的还是不太乐意的,不管是从事教学还是搞行政工作,不管是干技术活还是担任指挥官,都扎扎实实地从事新的工作,并作出成绩,1939年4月,当时担任着美国第七特混舰队司令的尼米兹奉命到海军部航海局任局长。对此,令尼米兹及其整个特混舰队都出乎意外,但他还是以充沛为精力投入新的工作,再次获得了上级的好评。这为他日后担任高级的职务打下了良好的基础。

1941年1月15日,珍珠港事件爆发后,在海军部长的力荐下,又经罗斯福总统的批准,尼米兹终于当上了他所向往的太平洋舰队总司令一职。这次任命,尼米兹越过了28名比他资深的将官,是从海军少将一跃而升为海军上将的。尼米兹之所以能脱颖而出,出任此职,除了他的确拥有才华外,更重要的是,他在每一次任职中都脚踏实地,以突出的贡献令人折服。

五、人的职业历程

人生是不断进取的过程，对于每个人，要达到事业成功、生活美满的目标，他的职业要经过下面的历程：

1. 择业：对于儿童来说，长大要干什么还是一种幻想，幼稚而不切实际，带有很大盲目和冲动。在选择职业时，就是要把这些模糊、盲目的幻想，变为现实的目标，择一而从。

2. 适业：我们刚开始从事一个职业，还要有一个适应的过程，要使职业和个人的天赋、才干、生理条件相一致，需要进行必要的职业准备和训练，慢慢适应职业的要求，喜欢自己的职业。

3. 敬业：很多人的生活目标是"敬业乐群"。什么是敬业呢？敬就是要勤，勤于工作，刻苦努力地从事职业。正如黑格尔所说的："只有经过长期完成其发展的艰苦工作，并长期埋头沉浸于其中的任务，方可望有所成就。"

4. 乐业："知之者不如好之者，好之者不如乐之者"，孔子的这段话对于人的职业选择亦是如此。职业无高低贵贱之分，只有不怕劳苦，以苦为乐，不图眼前，才能发挥其巨大的工作效能。

5. 创业：人生的价值，要看他贡献出什么。你若要表现自己的价值，你就得给世界创价值。创业是个人职业理想的实现，也是人生价值的体现。

第七章 职业定位

附：

这就是生活

欧列·布尔是挪威一位世界著名的小提琴家。有一次他在巴黎举行的举行演奏会上，一曲未终，但小提琴上的一根弦突然断了，布尔不动声色，继续用其他弦奏完了全曲。有人在评论这件事说，"这就是生活。如果你的弦断了一根，就在其他三根弦上把曲子奏完。"

六、走适合你走的路

人生的道路是漫长的，无限延伸的，你所从事的职业将决定你一生的道路，因此，你在高中毕业选择专业和未来职业时，千万要慎重，因为这是人生关键的一步。一旦你进入某一专业或某一行业的工作，这种职业往往将伴随你的一生。占你一生中大部分时间的工作也许会令人陶醉，使你获得无穷的欢乐和幸福；也许你会对自己的工作索然无味，甚至产生厌恶感，那时即使你有机会换工作，但你贻误了很多宝贵的学习和工作时光，这对国家和个人都是很大的损失。既然职业选择是如此重要，那么请你在选择时，一定要排除疑虑，权衡利弊，克服你选择中的误区。

附：

只有有成功潜力的人才能被录取

雷·克洛是麦当劳餐厅的董事长兼首席主管。每次，麦当劳餐厅在招聘雇员时，都有很多的求职人，经过严格的筛选，相当一部分人会遭淘汰。当人们询问这种选取法有无标准的时候，雷·克洛这样说，"我们需要的是把全部精力投到事业中的人，如果他求职的目的仅止于养家活口，过得安适悠闲，麦氏餐馆就不需要他。""只有有成功潜力的人才能被录取。"

在麦当劳公司的办公室中，许多主管的办公桌上都有铜饰，上面刻有雷·克洛最爱用的座右铭：

世界上没有任何事能取代"坚守"；

"才能"不能，因为有太多有才的人并未成功；

"天才"不能，因为被埋没的天才屡见不鲜；

"教育"不能，因为多的是受过教育的废物；

只有"坚韧"和"决心"方是无敌的。

职业个性测定调查

请你按题目的分组和顺序逐个如实回答，如果符合自己的情况就在题后括号内画"√"，反之画"×"。画"√"得1分，画"×"的不得分，最后统计出各组的总得分。

第一组 总分（ ）

1.你喜欢把一件事做完后再做另一件事吗？（ ）

2.你喜欢在做事前，对此事做出细致的安排吗？（ ）

3.你喜欢修理家具吗？（ ）

4.你喜欢出头冒尖、引人注目吗？（ ）

5.你喜欢使用锤子、榔头、剪刀一类的工具吗？（ ）

第二组 总分（ ）

第七章 职业定位

1. 你喜欢解答数学难题吗？（ ）

2. 你认为自己更多的是属于思考型而不是感情型的人吗？（ ）

3. 你具有研究自然科学的能力吗？（ ）

4. 你喜欢研究各种难题，并善于观察、分析、探讨吗？（ ）

5. 你喜欢独自做实验吗？（ ）

第三组 总分（ ）

1. 你喜欢做具体实际工作吗？（ ）

2. 你的动手能力强吗？（ ）

3. 你怕难为情吗？（ ）

4. 你喜欢修理电器和制作小玩具一类的事吗？（ ）

5. 你喜欢修理自行车、钢笔、收音机吗？（ ）

第四组 总分（ ）

1. 你喜欢照顾别人吗？（ ）

2. 你爱和别人打交道吗？（ ）

3. 你的责任心强吗？（ ）

4. 你对当教师感兴趣吗？（ ）

5. 你喜欢解答别人的问题、对指导别人的工作感兴趣吗？（ ）

第五组 总分（ ）

1. 你喜欢写诗或写小说吗？（ ）

2. 你喜欢绘画吗？（ ）

3. 你具有音乐、艺术、戏剧方面的才能吗？（ ）

4. 你喜欢记者工作吗？（ ）

5.你具有唱歌、跳舞方面的特点吗？（　　）

第六组　　总分（　　）

1.你具有冒险精神吗？（　　）

2.你喜欢售货、推销产品吗？（　　）

3.你善于为自己的观点辩护吗？（　　）

4.你喜欢组织各种活动吗？（　　）

5.你喜欢当经理吗？（　　）

第七组　　总分（　　）

1.你喜欢有条不紊的事务性工作吗？（　　）

2.你喜欢遵照上级的指示做细微的工作吗？（　　）

3.你做一项工作既仔细又有效吗？（　　）

4.你喜欢办公室的统计工作吗？（　　）

5.你喜欢分类工作吗？（如书刊、照片、资料分类）（　　）

第八组　　总分（　　）

1.你喜欢独立工作吗？（　　）

2.你喜欢生物、化学课程吗？（　　）

3.你喜欢做自然科学研究方面的工作吗？（　　）

4.你喜欢阅读自然科学方面的书籍和杂志吗？（　　）

5.你喜欢物理课程吗？（　　）

第九组　　总分（　　）

1.你喜欢社会活动吗？（　　）

2.你喜欢与人协作吗？（　　）

3.你具有较强的口头表达能力吗？　（　）

4.你能帮助后进同学以及犯过错误的同学吗？　（　）

5.你喜欢结交朋友吗？　（　）

第十组　总分（　）

1.你能让别人听你指挥，在一起活动吗？　（　）

2.你喜欢在许多人面前发表议论吗？　（　）

3.你喜欢和同学一起讨论问题吗？　（　）

4.你善于做别人的思想工作吗？　（　）

5.你能虚心地听取别人的意见吗？　（　）

第十一组　总分（　）

1.你是一个沉静而易动感情的人吗？　（　）

2.你善于整理书籍、报纸、杂志吗？　（　）

3.你喜欢打字工作吗？　（　）

4.你喜欢记账工作吗？　（　）

5.你喜欢收款工作吗？　（　）

第十二组　总分（　）

1.你喜欢写作文吗？　（　）

2.你具有丰富的想象力吗？　（　）

3.你是一个感情丰富的人吗？　（　）

4.当你接受一项任务，你喜欢以自己独特的方式去完成吗？　（　）

5.你喜欢搞创作吗？（如创作诗歌、图画等）　（　）

评定方法：首先从得分中找出最高分，其对应类型即为适合本人的职业个性类型，选择相应的职业类型称为协调；其次，找出两个较高分数，对照选择与职业个性相一致的职业，称为次协调；最低分对应的职业类型是与自己的个性类型相斥的，在选择职业时，应尽量避开此种类型的职业。

如果最高分或较高分较多，说明你对职业适宜的范围较宽；如果只有一个最高分，其他分数相近，说明你的职业适宜范围较窄。

请按指定两组分数的和填入下表内：

组别	得分	相应的职业个性类型
1+3		现实型
2+8		研究型
4+9		社会型
6+10		管理型
5+12		艺术型
7+11		常规型

第二节　测测你的创造力

很多人喜欢谈创造力却不知道它的实际含义。创造力是绘画写诗的能力吗？远非如此。创造力是人类本身具有的基本特征。它包括观察事物之间的新奇关系，而这种观察与智力密切相关，它包括将随机的、普通的、单调沉闷的事物转变为有组织的、有特性的，有独特创造力的事物。

一、"自己做"试题

每题只允许用两分钟。每两个题之间可以有15分钟休息。但请注意，不应事先翻看分析和答案，绝对重要的是一题只给两分钟。

1. 列出所有与△形有关的事物。

2. 列出所有与○形有关的事物。

3. 写下你所知道的所有树的名字。

4. 仔细看图①，在两分钟时间里，你的透视看法变化了几次？

5. 写下你所能写出的所有白色的、软的物质的名字。

6. 一张棕色纸，你能想出有多少用途吗？

7. 写下你所知道的用"Y"音开头的字。

8. 从图②中拿走两根火柴，使之成为两个正方形。

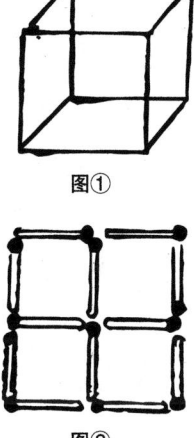

图①

图②

二、创造力测验

这是涉及日常生活的更直接的选择调查表，每小题只选一项，填写完后再看后面的分析。

1. 如果你有机会做一件你从未做过的事，你会（　　）。

　A. 拒绝

　B. 犹豫

　C. 急切地去做

2. 你应邀到某朋友家做客，注意到家具安置得不很理想，你（　　）。

　　A. 什么也不说

　　B. 简单说一下你应如何布置

　　C. 提出建议并画出样图

3. 你发现你的意见被很多人接受。（　　）

　　A. 极少

　　B. 经常

　　C. 有时

4. 当你知道有一次房间设计比赛的机会，你（　　）。

　　A. 不感兴趣

　　B. 考虑是否参加

　　C. 积极参加并送上自己的作品

5. 当你读过某种有趣的文学作品后，你（　　）。

　　A. 记忆深刻

　　B. 很快忘掉

　　C. 找相同文章继续阅读

6. 你在某天不得不照料一个孩子，他很不听话时，你会（　　）。

　　A. 讲故事让他高兴

　　B. 让他不要打搅你，自己去玩

　　C. 提出一些建议让他去玩

7. 当你自己做饭时，你（　　）。

　　A. 愿意花很长时间准备

B. 严格按食谱去做

C. 按食谱做了几次后，愿意尝试自己的办法

8. 你是否考虑如何改进自己的学习？（　　）

 A. 经常

 B. 偶尔

 C. 从不

9. 如果第8题的回答是A或B，你（　　）。

 A. 从不告诉别人你的想法

 B. 告诉某些人但不具体

 C. 写出计划，当条件适合时，交给老师

10. 当你看了一部不知道结局如何的电影后，你（　　）。

 A. 想了解得更清楚

 B. 非常好奇，而且想象其结局

 C. 很奇怪，但并不为此伤神

11. 当朋友带着问题来找你，你（　　）。

 A. 同情地听取

 B. 想象自己处于他的境地，但很少说话

 C. 提出建议性的意见

12. 下面哪条适合于你？（　　）

 A. 喜欢宁静有规律的生活

 B. 喜欢变幻莫测的生活

 C. 喜欢激动人心的生活

13.当你的生活发生变化时,例如毕业、升学、你(　　)。

　　A.对未来感到担忧

　　B.在新环境中看到有益因素

　　C.时而担心,时而高兴

14.如你继承了父母的房子,你会(　　)。

　　A.让房间布置保持原样

　　B.改变原样使之适合你喜欢的样式

　　C.部分改变使你能怀念双亲

15.你认为别人经常对你的所作所为感到吃惊。(　　)

　　A.是的,经常

　　B.偶尔

　　C.没有

16.你如何选择度过假日或特殊的庆祝活动(　　)?

　　A.去喜欢的餐馆

　　B.待在家里

　　C.去新地方旅游

17.你有个实践的机会(做件衣服或盖个房子),但好像什么都不如意,你会(　　)。

　　A.放弃

　　B.固执坚持

　　C.想新方法解决问题

18. 当你听到有人贫穷的消息后,你（　）。

　　A. 无所谓

　　B. 深感不安,但觉得无能为力

　　C. 做些贡献,如捐点钱物

19. 若你交了新朋友而使你的老朋友不满,你会（　）。

　　A. 我行我素

　　B. 继续交往,但小心隐瞒自己的活动

　　C. 后悔而退缩

20. 下面三项中,哪一项是你最怕的?（　）

　　A. 厌烦无趣

　　B. 孤独

　　C. 前途未卜

现在检查分数。

1. A：0　　B：1　　C：2

2. A：0　　B：1　　C：2

3. A：0　　B：2　　C：1

4. A：0　　B：1　　C：2

5. A：1　　B：0　　C：2

6. A：2　　B：0　　C：2

7. A：2　　B：0　　C：1

8. A：2　　B：1　　C：0

9. A：0　　B：1　　C：2

10. A：0　　B：2　　C：1

11. A：0　　B：1　　C：2

12. A：0　　B：2　　C：1

13. A：0　　B：2　　C：1

14. A：0　　B：2　　C：1

15. A：2　　B：1　　C：0

16. A：1　　B：0　　C：2

17. A：0　　B：1　　C：2

18. A：0　　B：1　　C：2

19. A：2　　B：1　　C：0

20. A：2　　B：1　　C：0

三、分析

第一部分是创造力测验。

创造力的实质就是独创精神。试图发现这一捉摸不定的观念并做出解释，已成为研究这一领域的心理学家面临的主要问题。无论面对简单还是复杂的环境，人们如何反应和解决问题是创造力的体现。换句话说，某人解决问题的思路越多，他的创造力越高。

1. 对两分钟的内你的每一个联想各加1分。如果低于10分，一般属低创造力，11～20分属于中等程度，而超过30分则表明具有高创造力。

2. 对提出的每一个答案各加1分。0～5分属低创造力；6～9分属中等程度，超过10分为高创造力。

3. 对作出的每一个回答各加1分。0~5分属低创造力；8~15分属中等程度，超过15分为高创造力。

4. 整体来说，正方体变化越快，你的感觉越灵活。如果变化1~3次，属低创造力，4~5分次中等，超过5次为高创造力。

5. 与第2题分析一样。

6. 每个回答各加1分，根据你作出的回答评价你的创造力。对每个正确的回答给2分。0~5分属低创造力，6~9分属中等，10分属高创造力。

7. 与第2题分析一样。

8. 题目并未说明两正方形尺寸一样，如果你的答案如图③，则属高创造力。

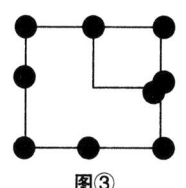

图③

在以上8个测试中，如有2~4道题你属高创造力，则为中等水平，如有4~6题，表明你有高水平创造力，如有7~8题则说明你创造水平特别高。

第二部分是你日常生活中可能存在的创造力测验。

10分以下表明低水平的创造力，11~20分为中等水平，20~30分为高水平，30~40分为超高水平创造力。

第三节 职业测试举例
——霍兰德职业测试

一、认识自己有多重要

虽然说对于活着的意义,每个人都有不同的答案,但每个人都会有一个共同的追求,那就是生活的幸福。那么什么样的人会更幸福呢?它的前提一定是一个能认识自我的人,因为一个人如果不知道自己是谁,自己需要什么,自己到底想干什么,自己能干什么,那么他怎么去追求自己的幸福呢?所以追求幸福的人生,就应该先从认识自己开始。

二、测测你的职业倾向

美国约翰·霍普金斯大学的心理学教授、著名的职业指导专家约翰·霍兰德于1971年提出了职业性向理论。本测验将使你的这种考虑或选择具有理论基础,或向你展示其他合适的职业,帮助你根据自己的情况选择一个恰当的职业目标。

测试指导语:

本测验共七部分,每部分都没有时间限制,

第七章 职业定位

但请你尽快按要求完成。务必做完每一道题目。在做题前请详细阅读各部分的导言,然后做题,请记录自己的测试结果。

第一部分 你心目中的理想职业(专业)

对于未来的职业(或升学进修的专业)你也许早有考虑,它可能很抽象、很朦胧,也可能很具体,很清晰。不管是哪种情况,现在请你把自己最想做的三种工作或最想读的三个专业,按顺序写下来:

(1)(　　　　　)。

(2)(　　　　　)。

(3)(　　　　　)。

2分钟时间。

第二部分 你所感兴趣的活动

下面列举一些十分具体的活动,这些活动无所谓好坏,如果你喜欢参加(包括过去、现在和将来),就请答"是",如果不喜欢就请答"否"。这一部分将确定你的职业兴趣,而不是选择工作,你喜欢某种活动并不意味着你一定从事这种活动。答题时不必考虑过去是否参与过和是否擅长这种活动,只根据你的兴趣直接判断即可。

R:实际型活动

1. 装配修理电器或玩具	是　否
2. 修理自行车	是　否
3. 做木工活	是　否
4. 开汽车或摩托车	是　否
5. 开机床	是　否

6. 参加木工技术学习班　　　　　　　　　　　　　是　否

7. 上机械制图课　　　　　　　　　　　　　　　　是　否

8. 驾驶卡车或拖拉机　　　　　　　　　　　　　　是　否

9. 参加机械和电器学习班　　　　　　　　　　　　是　否

10. 上金属工艺课　　　　　　　　　　　　　　　　是　否

11. 上电气自动化技术课　　　　　　　　　　　　　是　否

统计"是"的得分，每个"是"记1分，共计_____分。

A：艺术型活动

1. 素描/制图或绘画　　　　　　　　　　　　　　　是　否

2. 表演戏剧、小品或相声　　　　　　　　　　　　是　否

3. 设计家具或房间　　　　　　　　　　　　　　　是　否

4. 练习乐器或参加乐队　　　　　　　　　　　　　是　否

5. 阅读小说、读剧本　　　　　　　　　　　　　　是　否

6. 从事摄影创作　　　　　　　　　　　　　　　　是　否

7. 写诗或吟诗　　　　　　　　　　　　　　　　　是　否

8. 上书法美术课　　　　　　　　　　　　　　　　是　否

9. 参加艺术（美术或音乐）培训班　　　　　　　　是　否

10. 欣赏音乐或戏剧　　　　　　　　　　　　　　　是　否

11. 在舞台上演唱或跳舞　　　　　　　　　　　　　是　否

统计"是"的得分，每个"是"记1分，共计_____分。

I：调查型活动

1. 阅读科技图书和杂志　　　　　　　　　　　　　是　否

2. 在实验室工作	是	否
3. 研究自己选择的特殊问题	是	否
4. 解算术题或玩数学游戏	是	否
5. 制作飞机或汽车模型	是	否
6. 阅读专业性论文	是	否
7. 上物理课	是	否
8. 上化学课	是	否
9. 上几何课	是	否
10. 生物课	是	否
11. 做化学实验	是	否

统计"是"的得分,每个"是"记1分,共计_____分。

S:社会型活动

1. 参加学校或单位组织的正式活动	是	否
2. 参加某个社会团体或俱乐部的活动	是	否
3. 帮助别人解决困难	是	否
4. 照顾儿童	是	否
5. 出席晚会、联欢会、茶话会	是	否
6. 和大家一起出去郊游	是	否
7. 想获得关于心理学方面的知识	是	否
8. 参加讲座会或辩论会	是	否
9. 观看或参加体育比赛和运动会	是	否
10. 结交新朋友	是	否

11. 阅读与人际交往有关的书刊 　　　　　　　　　　是　否

统计"是"的得分，每个"是"记1分，共计_____分。

E：事业型活动

1. 对他人做劝说工作 　　　　　　　　　　　　　　是　否
2. 从事个体或独立的经营活动 　　　　　　　　　　是　否
3. 谈论政治问题 　　　　　　　　　　　　　　　　是　否
4. 制定计划、参加会议 　　　　　　　　　　　　　是　否
5. 做演讲 　　　　　　　　　　　　　　　　　　　是　否
6. 检查与评价别人的工作 　　　　　　　　　　　　是　否
7. 结交名流 　　　　　　　　　　　　　　　　　　是　否
8. 在社会团体中担任职务 　　　　　　　　　　　　是　否
9. 买东西与人讨价还价 　　　　　　　　　　　　　是　否
10. 指导有某种目标的团体 　　　　　　　　　　　 是　否
11. 以自己的意志影响别人的行动 　　　　　　　　 是　否

统计"是"的得分，每个"是"记1分，共计_____分。

C：常规型活动

1. 保持桌面与房间整洁 　　　　　　　　　　　　　是　否
2. 抄写文章和信件 　　　　　　　　　　　　　　　是　否
3. 检查个人收支情况 　　　　　　　　　　　　　　是　否
4. 为领导写报告或公务信函 　　　　　　　　　　　是　否
5. 记流水账或备忘录 　　　　　　　　　　　　　　是　否
6. 上打字课或学习速记法 　　　　　　　　　　　　是　否

7. 将文件、报告、记录分类与归档 　　　　　　　是　否

8. 上会计课 　　　　　　　是　否

9. 上商业统计课 　　　　　　　是　否

10. 参加算盘、文秘等实务培训 　　　　　　　是　否

11. 参加情报处理培训 　　　　　　　是　否

统计"是"的得分，每个"是"记1分，共计_____分。

第三部分　你所擅长或胜任的活动

下面列举了若干种活动，确定你具有哪一方面的工作特长。回答时，只需考虑你过去或现在对所列活动是否擅长、胜任，不必考虑你是否喜欢这种活动。其中你能做或大概能做的事，请选择"是"，反之选择"否"。注意，你如果从未从事过某种活动，就请考虑你将来是否会擅长从事该项活动，务必做完每一道题目。

R：实际型活动能力

1. 使用锯子、钳子、车床、砂轮等工具 　　　　　　　是　否

2. 使用万用电表 　　　　　　　是　否

3. 能够修理自行车或其他机械 　　　　　　　是　否

4. 给家具和木制品刷漆 　　　　　　　是　否

5. 看建筑设计图 　　　　　　　是　否

6. 修理家具 　　　　　　　是　否

7. 修理结构简单的家用电器 　　　　　　　是　否

8. 疏通、修理水管或下水道 　　　　　　　是　否

9. 制作简单的家具 　　　　　　　是　否

10. 绘制机械设计图样　　　　　　　　　　　　　　　是　否

11. 使用电钻、缝纫机　　　　　　　　　　　　　　　是　否

统计"是"的得分，每个"是"记1分，共计_____分。

A：艺术型活动能力

1. 能演奏乐器　　　　　　　　　　　　　　　　　　是　否

2. 能参加二部或四部合唱　　　　　　　　　　　　　是　否

3. 独唱或演奏　　　　　　　　　　　　　　　　　　是　否

4. 扮演剧中角色　　　　　　　　　　　　　　　　　是　否

5. 创作简单的乐谱　　　　　　　　　　　　　　　　是　否

6. 跳舞　　　　　　　　　　　　　　　　　　　　　是　否

7. 能绘画、素描或书法　　　　　　　　　　　　　　是　否

8. 能雕刻、剪纸或泥塑　　　　　　　　　　　　　　是　否

9. 设计板报、服装或家具　　　　　　　　　　　　　是　否

10. 写好文章　　　　　　　　　　　　　　　　　　是　否

11. 说书或讲故事　　　　　　　　　　　　　　　　是　否

统计"是"的得分，每个"是"记1分，共计_____分。

I：调研型能力

1. 了解真空管的原理和作用　　　　　　　　　　　　是　否

2. 能够列举三种蛋白质多的食品　　　　　　　　　　是　否

3. 理解铀的裂变　　　　　　　　　　　　　　　　　是　否

4. 能够使用计算尺、计算器、对数表　　　　　　　　是　否

5. 会使用显微镜　　　　　　　　　　　　　　　　　是　否

6. 能找到三个星座 　　　　　　　　　　　　　　　是　否

7. 能解释简单的化学分子式 　　　　　　　　　　是　否

8. 能独立进行调查研究 　　　　　　　　　　　　是　否

9. 理解人造卫星为什么不落地 　　　　　　　　　是　否

10. 经常参加学术会议 　　　　　　　　　　　　　是　否

11. 说明白细胞的功能 　　　　　　　　　　　　　是　否

统计"是"的得分，每个"是"记1分，共计_____分。

S：社会型能力

1. 有向各种人说明、解释的能力 　　　　　　　　是　否

2. 常参加社会福利活动 　　　　　　　　　　　　是　否

3. 能和大家一起友好地工作 　　　　　　　　　　是　否

4. 善于与年长者相处 　　　　　　　　　　　　　是　否

5. 会邀请人、招待人 　　　　　　　　　　　　　是　否

6. 能简单易懂地教育儿童 　　　　　　　　　　　是　否

7. 善于体察人心和帮助别人 　　　　　　　　　　是　否

8. 帮助护理病人和伤员 　　　　　　　　　　　　是　否

9. 安排社团组织的各种事务 　　　　　　　　　　是　否

10. 善于判断人的性格 　　　　　　　　　　　　　是　否

11. 安排会议等活动的各种事务 　　　　　　　　　是　否

统计"是"的得分，每个"是"记1分，共计_____分。

E：事业型能力

1. 担任过学生干部并且干得不错 　　　　　　　　是　否

2. 工作上能指导和监督别人　　　　　　　　　　　是　否

3. 做事充满活力和热情　　　　　　　　　　　　　是　否

4. 有效利用自身的行为调动他人　　　　　　　　　是　否

5. 销售能力强　　　　　　　　　　　　　　　　　是　否

6. 曾作为俱乐部或社团的负责人　　　　　　　　　是　否

7. 向领导提出建议或意见　　　　　　　　　　　　是　否

8. 有开创事业的能力　　　　　　　　　　　　　　是　否

9. 知道怎样做一个优秀的领导者　　　　　　　　　是　否

10. 健谈善辩　　　　　　　　　　　　　　　　　　是　否

11. 说服别人参加你所在的团体　　　　　　　　　　是　否

统计"是"的得分，每个"是"记1分，共计_____分。

C：常规型能力

1. 会熟练地打印中文　　　　　　　　　　　　　　是　否

2. 会用外文打字机或复印机　　　　　　　　　　　是　否

3. 能快速记笔记和抄写文章　　　　　　　　　　　是　否

4. 善于整理和保管文件与资料　　　　　　　　　　是　否

5. 善于从事事务性的工作　　　　　　　　　　　　是　否

6. 会用算盘　　　　　　　　　　　　　　　　　　是　否

7. 能在短时间内分类和处理大量文件　　　　　　　是　否

8. 能使用计算机　　　　　　　　　　　　　　　　是　否

9. 能搜集数据　　　　　　　　　　　　　　　　　是　否

10. 善于为自己或集体做财务预算表　　　　　　　　是　否

11. 能迅速理清贷方和借方的账目　　　　　　　　　　　是　否

统计"是"的得分，每个"是"记1分，共计_____分。

第四部分　你所喜欢的职业

下面列举了多种职业，请逐一认真地看自己是否有兴趣。请回答"是"或"否"。

R：实际型活动

1. 飞机机械师　　　　　　　　　　　　　　　　　　是　否
2. 野生动物专家　　　　　　　　　　　　　　　　　是　否
3. 汽车维修工　　　　　　　　　　　　　　　　　　是　否
4. 木匠　　　　　　　　　　　　　　　　　　　　　是　否
5. 测量工程师　　　　　　　　　　　　　　　　　　是　否
6. 无线电报务员　　　　　　　　　　　　　　　　　是　否
7. 园艺师　　　　　　　　　　　　　　　　　　　　是　否
8. 长途公共汽车司机　　　　　　　　　　　　　　　是　否
9. 电工　　　　　　　　　　　　　　　　　　　　　是　否
10. 自动化工程技术人员　　　　　　　　　　　　　　是　否
11. 机械安装或钳工　　　　　　　　　　　　　　　　是　否

统计"是"的得分，每个"是"记1分，共计_____分。

S：社会型职业

1. 街道、工会或妇联干部　　　　　　　　　　　　　是　否
2. 小学或中学教师　　　　　　　　　　　　　　　　是　否
3. 精神病医生　　　　　　　　　　　　　　　　　　是　否

4. 婚姻介绍所工作人员　　　　　　　　　　是　否

5. 体育教练　　　　　　　　　　　　　　　是　否

6. 福利机构负责人　　　　　　　　　　　　是　否

7. 心理咨询员　　　　　　　　　　　　　　是　否

8. 共青团干部　　　　　　　　　　　　　　是　否

9. 导游　　　　　　　　　　　　　　　　　是　否

10. 国家机关工作人员　　　　　　　　　　　是　否

11. 青少年犯罪问题专家　　　　　　　　　　是　否

统计"是"的得分，每个"是"记1分，共计_____分。

I：调研型职业

1. 气象学或天文学学者　　　　　　　　　　是　否

2. 生物学研究人员　　　　　　　　　　　　是　否

3. 医学实验室的技术人员　　　　　　　　　是　否

4. 人类学研究人员　　　　　　　　　　　　是　否

5. 动物学研究人员　　　　　　　　　　　　是　否

6. 化学研究人员　　　　　　　　　　　　　是　否

7. 数学研究人员　　　　　　　　　　　　　是　否

8. 科学杂志的编辑或作家　　　　　　　　　是　否

9. 地质学研究人员　　　　　　　　　　　　是　否

10. 物理学研究人员　　　　　　　　　　　　是　否

11. 药剂师　　　　　　　　　　　　　　　　是　否

统计"是"的得分，每个"是"记1分，共计_____分。

E：事业型职业

1. 厂长　　　　　　　　　　　　　　　　　　是　否
2. 电视片编制人员　　　　　　　　　　　　　是　否
3. 公司经理　　　　　　　　　　　　　　　　是　否
4. 销售员　　　　　　　　　　　　　　　　　是　否
5. 人民代表　　　　　　　　　　　　　　　　是　否
6. 广告部长　　　　　　　　　　　　　　　　是　否
7. 体育活动主办者　　　　　　　　　　　　　是　否
8. 销售部长　　　　　　　　　　　　　　　　是　否
9. 个体工商业者　　　　　　　　　　　　　　是　否
10. 企业管理咨询人员　　　　　　　　　　　　是　否
11. 律师或法官　　　　　　　　　　　　　　　是　否

统计"是"的得分，每个"是"记1分，共计_____分。

A：艺术型职业

1. 乐队指挥　　　　　　　　　　　　　　　　是　否
2. 演奏家　　　　　　　　　　　　　　　　　是　否
3. 作家　　　　　　　　　　　　　　　　　　是　否
4. 摄影家　　　　　　　　　　　　　　　　　是　否
5. 记者　　　　　　　　　　　　　　　　　　是　否
6. 画家、书法家　　　　　　　　　　　　　　是　否
7. 歌唱家　　　　　　　　　　　　　　　　　是　否
8. 作曲家　　　　　　　　　　　　　　　　　是　否

9. 演员 是 否

10. 诗人 是 否

11. 文学艺术评论家 是 否

统计"是"的得分,每个"是"记1分,共计_____分。

C:常规型职业

1. 会计师 是 否

2. 税收管理员 是 否

3. 计算机操作员 是 否

4. 簿记人员 是 否

5. 成本核算员 是 否

6. 文书档案管理员 是 否

7. 打字员 是 否

8. 法庭书记员 是 否

9. 人口普查统计员 是 否

10. 办公室秘书 是 否

11. 质量检查员 是 否

统计"是"的得分,每个"是"记1分,共计_____分。

第五部分 你的能力类型简评

下面是6个职业能力方面的自我评定表。你先将自己在每一方面的能力与同学做一个比较,然后经斟酌后对自己的能力做出评估。请在表中适当的数字上画圈,数字越大,表示能力越强。

第七章 职业定位

注意,请不要画同样的数字,因为人的每项能力不可能完全一样。

第五部分A

R型	I型	A型	S型	E型	C型
机械操作能力	科学研究能力	艺术创作能力	解释表达能力	商业洽谈能力	事务执行能力
7	7	7	7	7	7
6	6	6	6	6	6
5	5	5	5	5	5
4	4	4	4	4	4
3	3	3	3	3	3
2	2	2	2	2	2
1	1	1	1	1	1

第五部分B

R型	I型	A型	S型	E型	C型
体育技能	数学技能	音乐技能	交际技能	领导技能	办公技能
7	7	7	7	7	7
6	6	6	6	6	6
5	5	5	5	5	5
4	4	4	4	4	4
3	3	3	3	3	3
2	2	2	2	2	2
1	1	1	1	1	1

第六部分 统计和确定你的职业倾向

将第二部分至第五部分的全部测验分数按已经统计好的6种职业倾向(R型、I型、A型、S型、E型、C型)得分填入下表,并纵向相加。

测试	R型	I型	A型	S型	E型	C型
第二部分						
第三部分						
第四部分						
第五部分A						
第五部分B						
总分						

请将上表中的6种职业倾向总分按大小顺序依次从左向右排列：

1._____；2._____；3._____；4._____；5._____；6._____；

测验完毕。将你测验得分第一位的职业类型找出来，对照第七部分，判断一下自己适合的职业类型。

第七部分 职业测试对照分析

R（实际型）：

实际型性格的人重视物质的、实际的利益，愿意使用工具从事操作性的工作；动手能力强，做事手脚灵活，动作协调；偏好具体任务，不善言辞，不善交际，喜欢安定，缺乏洞察力。

这种类型的人会被吸引去从事那些需要一定的技巧、力量和协调性才能承担的职业。如森林工人、耕作工人以及农场主等。

主要职业：木匠、工程师、机械师、鱼类和野生动物专家、机械工（车工、钳工等）、电工、火车司机、长途公共汽车司机、机械制图员、机器修理师、森林工人、园艺工人、军官、城市规划人员、运动员、矿工、营养专家、农场主、建筑师等。

第七章 职业定位

I（调查型）：

调查型性格的人有强烈的好奇心，他们是思想家而非实干家，抽象思维能力强，喜欢从事有观察、有科学分析的创造性活动。求知欲强，肯动脑，善于思考，不善于动手；喜欢独立的和富有创造性的工作；知识渊博，有学识、有才能、不善于领导他人。

这种类型的人会被吸引去从事那些包含着较多认知活动（思考、组织、了解等）的职业，而不是那些以感知活动（感觉、人际沟通以及情感等）为主要内容的职业。如：生物学家、化学家以及大学教授等。

主要职业：地理学家、医学技术人员、生理学家、物理学家、心理学家、自然科学和社会科学方面的研究与开发人员、气象学者、生物学者、天文学家、药剂师、化学家、科学报刊编辑、地质学者、植物学者、数学家、实验员、科研人员、工程师（化学、冶金、电子、无线电、电视、飞机等方面）。

A（艺术型）：

艺术型性格的人想象力丰富，喜欢非系统的、自由的活动，喜欢以各种艺术形式的创造来表现自己的才能，实现自身的价值；具有特殊艺术才能与个性；有创造力，乐于创造新颖、追求与众不同的艺术效果，渴望表现自己的个性。

这种类型的人会被吸引去从事那些包含着大量自我表现、艺术创造、情感表达以及个性化活动的职业，如艺术家、广告制作者以及音乐家等。

职业类型：广告管理人员、艺术教师、艺术家、广播员、室内设计专家、室内装饰专家、图书管理专家、摄影师、音乐教师、作家、记者、诗人、作曲家、编剧、雕刻家、漫画家、书法家、医疗绘图师、公共关系专家、演员（音乐、舞蹈、戏剧方面）、艺术编导、文学艺术方面的评论员、节目主持人、设计师（艺术、家具、珠宝等行业）。

S（社会型）：

社会型性格的人乐于助人，善于社交，重视友谊。喜欢从事为他人服务和教育的工作；喜欢参与解决人们共同关心的社会问题，渴望发挥自己的社会作用；寻求亲近的人际关系，比较看重社会义务和社会道德。

这种类型的人会被吸引去从事那些包含着大量人际交往内容的职业，而不是那些包含大量智力活动或体力活动的职业，如诊所的心理医生、外交工作者及社会工作者。

职业类型：公使、保育员、行政人员、医护人员、图书管理员、丧葬承办人、社会学者、导游、福利机构工作者、咨询人员、社会工作者、社会科学教师、学校管理人员、精神健康工作者、公共保健护士、服务行业经理、娱乐管理人员。

E（事业型）：

事业型性格的人喜欢支配别人，追求权力、权威和物质财富，具有领导才能；喜欢竞争，敢冒风险；精力充沛、自信、善交际、口才好、做事巧妙。这种类型的人会被吸引去从事那些包含着大量以影响他人为目的的语言活动的职业，如管理人员、律师以及公共关系管理者。

职业类型：综合性农业企业管理人员、房地产商、企业家、金融家、人寿保险代理人、行业或单位的领导者、推销员、进货员、商品批发员、旅馆经理、饭店经理、广告宣传员、调度员、律师、政治家、零售商。

第七章 职业定位

C（常规型）：

常规型性格的人顺从、尊重权威、能自我抑制，喜欢按计划办事，习惯接受他人的指挥和领导，自己不谋求领导职务；不喜欢冒险和竞争，富有自我牺牲精神；工作踏实，忠诚可靠，偏爱那些规章制度明确的工作环境。这种类型的人会被吸引去从事那些包含着大量结构性的且规则较为固定的职业，在这些职业中，雇员个人的需要往往服从于组织的需要，如会计以及银行职员等。

职业类型：鉴定人、记账员、会计、银行出纳、法庭速记员、成本估算员、税务员、核算员、打字员、统计员、审计人员、人事职员、秘书、图书管理员、风险管理者、外贸职员、保管员、邮递员。

下面介绍与你3个代号的职业兴趣类型一致的职业表。先根据你的职业兴趣代号，在表中找出相应的职业，例如：你的职业兴趣代号是RIA，那么牙科技术人员、陶工等是适合你兴趣的职业。然后寻找与你职业兴趣相近的职业，如IRA、IAR、ARI等对应的职业也比较适合你。

RIA：牙医、陶工、建筑设计员、模型工、木工。

RIS：厨师、林务员、跳水运动员、潜水员、电器维修员、眼镜制作员、电工、纺织机器装配工、服务员、发电厂工人、焊接工。

RIE：建筑和桥梁工程、环境工程、航空工程、公路工程、电力工程、信号工程、一般机械工程、自动工程、矿业工程、海洋工程、交通工程技术人员、制图员、家政经济人员、计量员、农场工人、机械操作员、清洁工、汽车修理、手表修理、线路装配工、仓库管理员。

RIC：船上工作人员、接待员、杂志保管员、牙医助手、磨坊工、石匠、机器制造工、机车制造工、农业机械装配员、汽车装配工、钟表装配和检验、电动器具装配员、鞋匠、锁匠、货物检验员、电梯机修工、钢琴调音员、装配工、印刷工、建筑钢铁工作、卡车司机。

RAI：手工雕刻、制作模型人员、家具木工、制作皮革品、手工绣花、印刷工作、装订工。

RSE：消防员、交通巡警、警察、门卫、理发师、房间清洁工、锻工、开凿工人、管道安装工、出租汽车驾驶员、货物搬运工、送报员、勘探员、娱乐场所的服务员、灭害虫者、电梯操作工、厨房助手。

RSI：纺织工、编织工、农业学校教师、某些职业课程教师（如：艺术、商业、技术、工艺课程）。

REC：保姆、实验室动物饲养员、动物管理员。

REI：轮船船长、航海领航员、大副、试管实验员。

RES：旅馆服务员、家畜饲养员、渔民、渔网修补工、收割机操作工、搬运行李工人、救生员、导游、火车工程技术员、建筑工作者。

RCI：测量员、勘测员、仪表操作者、农业工程技术、化学工厂技师、石油工程技师、资料室管理员、煅烧工、烧窑工、矿工、取样工、样品检验员、纺纱工、炮手、漂洗工、电焊工、锯木工、手工缝纫工、油漆工、染色工、按摩工、木匠、农民建筑工作、电影放映员、勘测员助手。

RCS：公共汽车驾驶员、水手、游泳池服务员、裁缝、建筑工作、石匠、烟囱修建工、混凝土工、电话修理工、爆炸手、邮递员、矿工、裱糊工人、纺纱工。

IEC：档案保管员、保险统计员。

ICR：质量检验技术员、地质学技师、工程师、法官、图书馆技术辅

第七章　职业定位

导员。

IRA：地理学家、地质学家、声学物理学家、矿物学家、古生物学家、石油学家、地震学家、原子物理学家、电磁学物理学家、气象学家、人口统计学家、数学统计学家、外科医生、气象员。

IRS：流体物理学家、物理海洋学家、等离子体物理学家、农业科学家、动物学家、食品科学家、园艺学家、植物学家、细菌学家、解剖学家、动物病理学家、作物病理学家、药物学家、生物化学家、生物物理学家、细胞生物学家、临床化学家、遗传学家、质量控制工程师、地理学家、兽医、医师。

IRE：化验员、化学工程师、电气工程师、纺织工程师、食品技师、渔业技术专家、材料和测试工程师、土木工程师、航空工程师、冶金专家、原子核工程师、陶瓷工程师、地质工程师、电力工程师、牙科医生。

IRC：飞行员、物理实验室技师、文献检查员、农业技术专家、动植物技术专家、生物技师、工商业规划者、矿藏安全检查员、纺织品检验员、照相机修理者、工程技术员、工具设计者、仪器维修工。

CRI：簿记员、会计、铸造机操作工、打字员、按键操作工、复印机操作工。

CRS：仓库保管员、档案管理员、缝纫工、收款人。

CRE：实验室工作者、广告管理员、电动机装配工、缝纫机操作工。

CIS：记账员、顾客服务员、报刊发行员、土地测量员、保险公司职员、会计师、估价员、邮政检查员。

CIE：打字员、统计员、订货员、校对员、办公室工作人员。

CIR：校对员、工程职员、检修计划员。

CSE：接待员、通讯员、电话接线员、售票员、旅馆服务员、私人职员、商学教师、旅游办事员。

CSR：运货代理商、铁路职员、交通检查员、办公室通信员。

CSI：簿记员、出纳员、银行财务职员。

CSA：秘书、图书管理员、办公室办事员。

CER：邮递员、数据处理员、办公室办事员。

CEI：推销员、经济分析家。

CES：会计、记账员、法人秘书、速记员、法院报告人。

ECI：审计员、信用管理员、地产管理员、商业管理员。

ECS：信用办事员、保险人员、进货员、海关服务经理、售货员、会计。

ERI：建筑物管理员、工业工程师、农场管理员、护士、农业经营管理人员。

ERS：仓库管理员、房屋管理员、货栈监督管理员。

ERC：渔船船长、机械操作领班、木工领班、瓦工领班、驾驶员领班。

EIR：科学、技术出版物的管理员。

EIC：专利代理人、鉴定人、运输服务检查员、安全检查员、废品收购人员。

EIS：警官、侦察员、交通检验员、安全咨询员、合同管理者、商人。

EAS：法官、律师、公证人。

EAR：展览室管理员、舞台管理员、播音员、驯兽员。

ESC：理发师、裁判员、政府行政管理员、财政管理员、工程管理员、售货员、商业经理、办公室主任、人事负责人、调度员。

第七章 职业定位

ESR：家具售货员、书店售货员、公共汽车驾驶员、日用品售货员、护士长、自然科学和工程的行政领导。

ESI：博物馆管理员、图书管理员、古迹管理员、饮食业经理、地区安全服务管理员、技术服务咨询者、超市管理员、零售商品店店员、批发商、出租汽车服务站调度。

ESA：博物馆馆长、报刊管理员、音乐器材售货员、广告商、导游、（轮船或班机上的）事务长、空乘人员、船员、法官、律师。

ASE：戏剧导演、舞蹈教师、广告撰稿人、报刊、专栏作者、记者、演员、翻译。

ASI：音乐教师、美术教师、管弦乐指挥、合唱队指挥、歌手、演奏家、哲学家、作家、广告经理、时装模特。

AER：新闻摄影师、电视摄影师、艺术指导、录音指导、丑角演员、魔术师、木偶戏演员、骑士、跳水运动员。

AEI：音乐指挥、舞台指导、电影导演。

AES：流行歌手、舞蹈演员、电影导演、广播节目主持人、舞蹈教师、口技表演者、喜剧演员、模特。

AIS：画家、剧作家、编辑、评论家、时装艺术大师、新闻摄影师、演员、文学作者。

AIE：花匠、服装设计师、工业产品设计师、艺术家、复制雕刻品大师。

AIR：建筑师、画家、摄影师、绘图员、环境美化工、雕刻家、包装设计师、陶器设计师、绣花工、漫画家。

SEC：社会活动家、退伍军人服务官员、工商会事务代表、教育咨询者、宿舍管理员、旅馆经理、饮食服务管理员。

SER：体育教练、游泳指导。

SEI：大学校长、学院院长、医院行政管理员、历史学家、家政经济学家、职业学校教师、资料员。

SEA：娱乐活动管理员、国外服务办事员、社会服务助理、咨询者、宗教教育工作者。

SCE：部长助理、福利机构职员、生产协调人、环境卫生管理人员、戏院经理、餐馆经理、售票员。

SRI：外科医师助手、医院服务者。

SRE：体育教师、职业病治疗者、体育教练、专业运动员、儿童家庭教师、警察、引座员、传达员、保姆。

SRC：护理员、护理助理、医院勤杂工、理发师、儿童服务人员。

SIA：社会学家、心理咨询者、学校心理学家、政治科学家、大学或学院的系主任、大学或学院的教育学教师、大学农业教师、大学工程和建筑课程教师、大学法律教师、大学数学、医学、物理、社会科学和生命科学的教师、研究生助教、成人教育教师。

SIE：营养学家、海关检查员、安全检查员、税务稽查员、校长。

SIC：描图员、兽医助手、诊所助理、体检检查员、娱乐指导者、咨询人员、社会科学教师。

SIR：理疗员、救护队工作人员、职业病治疗助手。

SAE：听觉病治疗者。

SAC：理发师、包装艺术家、美容师、整容专家、发式设计师。

第七章　职业定位

SAI：图书管理员、小学教师、幼儿园教师、学前儿童教师、中学教师、师范学院教师、盲人教师、智力障碍人的教师、聋哑人的教师、学校护士、牙科助理、飞行指导员。

性格对一个人的成功有着很大的影响。如果一个人从事的职业与他的性格相适应，工作起来就会得心应手，容易取得成功。如果性格与职业不相适应，性格就会阻碍工作的顺利进行。因此每个同学要清楚自己的性格类型并且寻找自己适合自己的职业方向，在这个问题上不能马虎。

参考文献

[1] 泰勒.本-沙哈尔.幸福的方法.中信出版社,2013.

[2] 索尼娅.柳博米尔斯基.幸福有方法.中信出版社,2014.

[3] 季成伟,吴继霞.幸福的蓝图.苏州大学出版社,2014.

[4] 阳光高考,http://gaokao.chi.com.cn.

[5] 中国教育在线,http://www.eol.cn.

[6] 卡耐基.快乐的人生.汕头大学出版社,2009.

[7] 卡耐基.美好的人生.中国城市出版社,2006.